中国历史

辽西夏金

铁马冰河入梦来

何孝荣　主编

化学工业出版社

·北京·

图书在版编目（CIP）数据

这就是中国历史.辽 西夏 金：铁马冰河入梦来 / 何孝荣主编.—北京：化学工业出版社，2020.8（2025.4重印）

ISBN 978-7-122-37134-8

Ⅰ.①这… Ⅱ.①何… Ⅲ.①中国历史-辽宋金元时代-少儿读物 Ⅳ.①K209

中国版本图书馆CIP数据核字（2020）第095279号

责任编辑：丁尚林　马羚玮　　文字编辑：贾全胜　陈小滔
责任校对：李雨晴　　装帧设计：尹琳琳

出版发行：化学工业出版社（北京市东城区青年湖南街13号　邮政编码100011）
印　　装：中煤（北京）印务有限公司
787mm×1092mm　1/16　印张12　字数177千字　2025年4月北京第1版第12次印刷

购书咨询：010-64518888　　售后服务：010-64518899
网　　址：http://www.cip.com.cn
凡购买本书，如有缺损质量问题，本社销售中心负责调换。

定　　价：39.80元

目录

大定通寶

历史是这样的

契丹、党项、女真……

这些曾在历史上赫赫有名的民族都来自哪里呢？

他们有没有建立国家呢？

中原之外的北方地带，中华大地上又在书写着怎样的历史呢？

如果你有过这些疑问和思考，那么非常欢迎你和我们一起推开辽、西夏与金朝历史的大门。

我们中华文明有着五千年悠久的历史，其中有很多有趣的故事，也有很多前人总结出来的经验和智慧。

学习这些历史不仅可以拓宽我们的视野，丰富我们的知识面，还能使我们更加明事理。

唐太宗曾说过：“以史为镜，可以知兴替。”

哲学家培根也曾说过：“读史可以使人明智。”

为了方便小读者们了解真实的历史脉络，对历史产生兴趣，我们联合了众多历史学者特意编撰了这本《这就是中国历史——辽 西夏 金》，见证风云变幻的民族交融时代。

草原征服者

北方草原上的契丹族，骑射技术绝佳，骁勇善战。他们是如何从原始的部落联盟发展至鼎盛阶段建立起辽朝的？在逐步实现封建化的过程中，辽朝又是怎样走向灭亡的？

马背上的契丹族

相传很久以前的北方草原上，一位天女乘坐青牛拉的车，顺着西拉木伦河而来；一位神人骑着高大威武的白马，顺着老哈河而来。据说两人在位于我国今天东北的木叶山结成夫妻。天女被契丹族尊称为奇敦可汗，神人则是契丹族历史上真实存在的首领，被尊称为奇首可汗。奇首可汗与奇敦可汗生了八个儿子，他们的子孙后代世代游牧于西拉木伦河与老哈河流域水草丰美的牧场上，逐渐形成了契丹族的八个部落。

天女与神人相遇，这个极具浪漫色彩的青牛白马传说讲的就是契丹族的起源。辽朝开国皇帝耶律阿保机还专门在木叶山为奇首可汗和奇敦可汗建立

知识链接

契丹族发源地

据史料记载，契丹族发源于今内蒙古西拉木伦河和老哈河流域。契丹族以游牧为主，常以马匹、兽皮等物品，与中原地区百姓进行贸易。每到春秋之际，他们都会用青牛和白马进行祭祀，这也就佐证了青牛白马的传说。

始祖庙，遇到年节、战事等，都要到始祖庙祭祀供奉。

从《魏书》上关于契丹族的最早记载推测，契丹族大约形成于公元 4 世纪中期，属于北方鲜卑族的一个分支。他们在北方草原上过着游牧生活。这时的契丹族在草原上分散成各个部落，他们要向当时的中原统治者北魏进贡上等的马匹，还与北魏进行交易，以马匹、牛羊等换取中原的粮食、布料等生活必需品。

不过这一时期的契丹族，尚属“弱势群体”，经常受到鲜卑族的慕容氏和高句丽、突厥等民族的侵扰。

公元553年，北齐的皇帝高洋亲自领兵，掠走契丹几万人马。北齐在这次与契丹族的交战中大发横财，契丹族损失惨重，各部落支离破碎。令人庆幸的是，契丹族骨子里隐藏的民族意识，使他们并没有就此消失。相反，至隋文帝杨坚统一中国时，分散在北方草原上的契丹族重新返回了家乡。契丹族在其部落联盟首领大贺氏的带领下组成的新八部，显现出了勃勃生机。

隋末唐初时，契丹族形成了部落联盟。当时的部落联盟首领在契丹族大贺氏中世代推选。在这之前，契丹族受到来自漠北颉（jié）利可汗统治的突厥汗国的控制。后来契丹族开始与唐朝进行外交。只是契丹与唐之间的关系时和时战。和的时候，契丹依附于唐朝，亲密无间，关系好到不行；战的时候，双方打得不可开交。唐高祖李渊统治时期，契丹族部落联盟首领大贺咄罗曾遣使带着马匹和贡品出使唐朝。

唐太宗统治时期，契丹族部落联盟首领大贺摩会，带领着族人彻底归顺了唐朝。唐太宗见大贺摩会俯首称臣，表现得毕恭毕敬，唐太宗非常高兴，便赐给大贺摩会一面旗鼓。我们可千万别小看了这面旗鼓，它比任何金银珠宝都珍贵。因为这面旗鼓象征着唐朝统治者对契丹族首领权力的认可，也正是这面象征着首领权力的旗鼓，成为后世契丹可汗的权力标志。

为了便于管理，唐太宗还在今天内蒙古的赤峰和通辽附近，设置了契丹族的松漠都督府。松漠都督府辖区内包含了10个州，成为唐朝中央政权管理契丹族聚居区的重要行政机构。契丹族当时的部落联盟首领大贺窟哥，风风光光地当上了最高行政长官松漠都督，契丹族部落首领也跟着沾光，成了各州的刺史。契丹族被正式纳入唐中央政权的管辖之内，这对大贺窟哥以及其他领导人来说，能够锦衣玉食，名正言顺地登上朝堂，确实是可喜可贺的。唐太宗还专门将自己的姓氏李姓赐给大贺窟哥，足见其对契丹族的重视。

当然，也有契丹族部落联盟首领主张对唐发动战争。比如大贺咄罗统治初期，就曾带着兵马进攻唐朝的平州，实在打不过唐朝，才转而采取和战的外交策略。

后来的首领——大贺窟哥的孙子大贺阿卜固，则联合我国北方少数民族奚族，不断侵扰唐边境，最终被唐高宗镇压。

不过，契丹族由于受到自身实力限制，因而与唐之间的战争多停留在小打小闹的程度上，借着出兵，掠夺人口和财物，在唐边境

发些小小的战争财。

但到了女皇武则天统治时期，契丹族当时的部落联盟首领李尽忠，联合他妻子的哥哥孙万荣策划的谋反，已经有了很强烈的政治目的。李尽忠在契丹族历史上第一次自称为无上可汗。在权力嗅觉极其敏感的武则天看来，李尽忠这是想要独立，此信号无疑是极其危险的。武则天马上派兵前去镇压，没想到却反被击败。

此时，唐和契丹的外交关系矛盾重重，武则天一怒之下，将唐朝曾经设置的松漠都督府撤销。后来李尽忠病死，孙万荣继位，继续率领契丹族反唐。经过多次战斗，唐朝联合突厥、奚族等多支力量将契丹打败，孙万荣最终被自己的家奴杀死。

后来，李尽忠的堂弟李失活成为契丹族首领，他到唐都城长安去见当时的皇帝唐玄宗。唐玄宗恢复了松漠都督府对契丹族的管理，任命李失活为都督，并且将永乐公主嫁给了他。李失活因此成为契丹族历史上第一位娶唐朝公主为妻的部落联盟首领。

可是李失活死后，他的堂弟李娑（suō）固继承了契丹族部落联盟首领之位。李娑固与契丹族极有威望的将领可突于展开了争权夺势的战争。可突于将李娑固杀死，之后多次废立契丹王，最终拥立遥辇（niǎn）屈列为契丹族首领，这标志着契丹族部落联盟由大贺氏进入了新的遥辇氏统治时期。可突于主张契丹反唐，依附于突厥，因而唐玄宗不断派兵攻打契丹。唐朝有位智勇双全的将领张守珪，不仅自己率军镇压契丹，还派人联络契丹族官员李过

知识链接

辽朝佛塔

辽代推崇佛教，历任皇帝分别在辽五京（即上京临潢府、中京大定府、东京辽阳府、西京大同府、南京析津府）建立佛塔。

辽代佛塔以密檐式砖塔为主，内部构造是实心的，还有如辽上京的庆州白塔等少量的楼阁式佛塔，有浓重的仿唐式风格。

折，里应外合，将可突于杀死。契丹族再次归顺于唐朝。

▼ 耶律阿保机

可突于虽死，但他的残余势力中依旧不乏将相之才。其中，辽太祖耶律阿保机的始祖耶律涅里，掌握了契丹族部落联盟的军事大权，任夷离堇（jǐn）。耶律涅里将李过折及其家人杀死（只有一子幸存）后，自己成了松漠都督。后来，耶律涅里将契丹族部落联盟首领的位置让给了遥辇氏家族的遥辇俎（zǔ）里，拥立其为阻午可汗。契丹族掌握着军事大权的夷离堇则开始在耶律氏家族中得以世选。

夷离堇究竟是个什么样的职位？它虽然没有契丹族可汗的官大，不是契丹族的最高领导者，但是夷离堇是契丹族的最高军事统帅，掌握着契丹族的军事大权。也就是说，带兵打仗的时候，军队绝对得听夷离堇的。

因为军权直接影响到政权，所以夷离堇的权力竟然大到可以改换和拥立可汗。耶律涅里拥立阻午可汗有功，整个耶律氏家族也因为夷离堇这一契丹族重要的军事职位能够在家族内部世选，而变得极其风光。

随着中国历史进入五代时期，耶律氏家族统治的迭剌（là）部，因为离中原很近，深受中原文化影响，发展得极其迅速。加上迭剌部首领夷离堇，在耶律氏家族中一直都是世选的，掌握着整个契丹族部落联盟的军事大权，同时迭剌部夷离堇积极推动部落内的农牧业生产，其经济和军事实力都远远超过契丹族的其他七个部落。

到了遥辇氏痕德堇可汗担任契丹族部落联盟首领时期，迭剌部耶律氏家族的势力更加强大。辽太祖耶律阿保机任夷离堇后，更是通过选举成为契丹族部落联盟可汗。

自此，唐朝皇帝赐给契丹族最高统治者的旗鼓，从最初的大贺氏转至遥辇氏，再从遥辇氏转移到了耶律氏手中。不过当耶律阿保机拿到旗鼓时，契丹族部落联盟首领的性质却发生了变化，耶律阿保机变成了名副其实的皇帝，建立了历史上的契丹族政权。今天的俄语中，仍以“契丹”称中国。

据说当年哥伦布踏上航海征程，也是为了寻找西方人向往的契丹。可见契丹族在中国乃至世界历史上的影响极其深远。

耶律阿保机建国

谈及一个朝代的历史，总有三位“重量级”人物不得不提。一位是开国皇帝，一位是鼎盛时期的皇帝，一位是朝代灭亡时的皇帝。辽太祖耶律阿保机，就是辽朝的开国皇帝，他建立了契丹国，开启了辽朝，开创了契丹族历史上的全新时代。

开国皇帝身上往往极具传奇色彩。《辽史》中就有记载，传说耶律阿保机是他母亲梦到太阳后怀孕而来，他一出生，便发出耀眼光芒，香气四溢，体格健硕如同三岁的孩子。

不过确切地说，应该是时势造英雄。耶律阿保机出生的时候，恰逢契丹族各部落纷争不断。大家为争夺军政大权，使尽各种手段。当时，耶律氏家族世代统治的迭剌部日渐兴盛。阿保机的祖父耶律匀德实任迭剌部夷离堇时，大力发展部落内的农牧业，迭剌部更加富足。

可树大招风，残酷的政治斗争矛头也日渐指向耶律匀德实。这样的政治斗争残酷到什么程度呢？耶律匀德实任夷离堇期间，家族因争权夺势而产生内讧，最终耶律匀德实被他的政敌耶律狼德杀死了。

阿保机的祖母简献皇后害怕自己的儿子因为权势再被耶律狼德谋害，于是让阿保机的爸爸、叔叔、

知识链接

契丹文字

辽太祖耶律阿保机统治时期，命人参照汉字，创造了本民族的契丹大字。后来又在汉字基础上，参照回鹘文，创造了契丹小字。契丹文字在辽代碑文、墓志铭等比较多见。

金章宗曾下令废止契丹文字。西辽灭亡后，契丹文字也因此失传，这给后世研究造成困难，目前很多契丹文字究竟代表什么意思，还是个谜。

伯伯逃命去了，躲到了附近的突吕布部落。简献皇后则把年幼的阿保机小心藏好，还将他的脸涂黑，以免被人认出。

不过耶律狼德虽然杀了耶律匀德实，但他无才无德，根本不是当领导的料。终于，契丹族的贵族们再也看不惯耶律狼德的愚昧行为，于是由耶律匀德实的前任——耶律蒲古只出面，联合其他部落势力，将耶律狼德杀死。

随后，大家推举耶律匀德实的次子耶律岩木继任。就这样，迭剌部夷离堇继续在耶律匀德实家得以世选。

幼年时扎根在心中的危机意识，并没有把耶律阿保机压趴下，相反，他不仅长得高大魁梧，还武艺高强。当时契丹族部落联盟首领是遥辇氏，但是迭剌部首领夷离堇实际上掌握着契丹族部落联盟的军事大权。耶律岩木任夷离堇逝世后，由阿保机的父亲耶律撒剌继任，耶律撒剌之后是耶律蒲古只的儿子耶律偶思继任，耶律偶思之后就是由阿保机的伯父，也就是耶律匀德实的第三个儿子耶律释鲁继任。他们都是通过大家推举一代代选出来的，称为世选制。

不过耶律释鲁掌权后，给自己仅次于部落联盟首领遥辇氏的“二把手”职位创造了一个新名称——于越。这个“于越”极不寻常，他处理的是部落联盟内的军政事务。部落联盟可汗的权力不仅被架空，迭剌部内部夷离堇的权力也被削弱，由耶律阿保机的叔叔耶律辖底担任。

知识链接

契丹古八部

契丹最初的八部分别是悉万丹部、何大何部、伏弗郁部、羽陵部、匹絜部、黎部、吐六于部、日连部。

▲ 辽朝年号钱

没想到耶律释鲁当上于越后，竟然被人神不知鬼不觉地杀害了。耶律辖底担心自己因此事被牵连，逃到了渤海国。耶律释鲁被杀这件事，就这样变成了悬案，没人敢承担起揭开真相的责任。这时，深得耶律释鲁信任的耶律阿保机，勇敢地站了出来。

当时他已经被耶律释鲁任命为挞马，并且组建了侍卫亲军，逐渐拥有了更多兵权。耶律阿保机还凭借自己在军事上日益强大的力量，相继将契丹族各零散部落收至麾下。命运刚好借着耶律释鲁被杀这件事，给了耶律阿保机一个展现自身才华并且获得众人认可的机会。

▲ 契丹族发饰

于是，耶律阿保机在短时间内查明，杀害耶律释鲁的是耶律释鲁的三儿子耶律滑哥，以及耶律蒲古只联合的众多反叛势力。耶律阿保机迅速镇压了这股反叛势力，使得他在部落内的声望变得更高，被大家推选为军事首领夷离堇，后来继承了伯父的于越，相当于当上了中原的宰相。

耶律阿保机对外继续征讨其他部落。不仅室韦、奚人等少数民族部落被阿保机攻破，连许多汉人聚居区也被他侵扰。唐朝的卢龙节度使刘仁恭，被耶律阿保机多次出兵攻击，掠走大量土地和人民。阿保机在军事上拥有了更强大的实力。最终在契丹族的痕德堇可汗去世后，耶律阿保机被大家推举为契丹族名副其实的可汗。

契丹族的可汗与中原的皇帝不同，可汗三年选举一次，中原的皇帝却能当一辈子，这令耶律阿保机非常羡慕。在他率领部队不断东征西讨的过程中，

知识链接

诸弟之乱

诸弟之乱是辽太祖耶律阿保机在位时爆发的叛乱。耶律阿保机继任联盟首领之后，他仿照中原皇帝建立世袭制，违背了契丹首领三年一选、以次相代的旧习，引起了保守势力的强烈反对，引发“诸弟之乱”。

叛乱被平定后，阿保机进一步改革契丹旧制，按照中原政权建立起新的国家机构。

也在逐渐积聚力量，想要废除契丹族的传统制度。于是当耶律阿保机当满三年可汗后，他拒绝交出大权。这遭到了耶律家族众多兄弟的不满，进而引发了历史上著名的“诸弟之乱”。耶律阿保机的兄弟们先后发起三次叛乱，最终都被耶律阿保机以仁德、智谋或武力平息。

要知道，在这之前，契丹族历史上还没有谁能当一辈子皇帝。耶律阿保机想要开拓创新，并不容易，除了自家人反对他外，契丹族的其余七个部落，也以恢复旧制度为名，强迫耶律阿保机退位。

阿保机非常聪明，以退为进，假装让出可汗之位，仅留汉城治理。汉城这地方的盐铁业非常发达，随后耶律阿保机便提出，汉城的盐池给各部落带来了丰富的盐，大家都应该来犒劳自己的部下。

于是契丹族的其他部落首领毫无防备地相继前来，本以为是来参加一场盛大的聚会，没想到猝不及防，被耶律阿保机来了个

一锅端。耶律阿保机的部队把他们围了个里三层外三层，不少部落首领还没明白过来怎么回事呢，就被秒杀了。契丹族的八个部落就这样被耶律阿保机以迅雷不及掩耳的速度统一了起来。

终于在 916 年，耶律阿保机正式称帝，建立契丹国，都城是今天内蒙古赤峰市以南的波罗城，当时称为临潢府，即辽上京。后来辽太宗耶律德光将国号由“契丹”改为“辽”。

耶律阿保机当上皇帝后，北方各民族之间的政治、经济和文化交流得以迅速发展

重用汉臣韩延徽

耶律阿保机在契丹国颠覆性地推行中原的君主终身制和世袭制。也就是说，耶律阿保机想要一直做皇帝，军事和政治上完全由他说了算，他不再是契丹族传统意义上的部落联盟首领，而是真正大权在握、终身在位的皇帝。即便是在耶律阿保机去世后，皇帝的位子也要传给他的子嗣。契丹族传统的推选制度就这样被废除了。

在这个过程中，不少才能出众的汉人成为耶律阿保机政权中的重要人物，比如韩延徽、卢文进等汉族知识分子。

其中韩延徽被视为耶律阿保机治国的臂膀，他帮助耶律阿保机制定了更加适合契丹国特色的政治制度和民族政策，同时跟随耶律阿保机东征西讨，使国家实现了真正意义上的繁荣富强。

韩延徽曾是卢龙节度使刘仁恭的部下。刘仁恭割据幽州，韩延徽因德才兼备，受到重用。后来，刘仁恭的儿子刘守光为了夺权，将其父刘仁恭囚禁。刘守光掌权后由于频繁征战，耗尽大量人力、物力，为了获得契丹族的支援，就派遣韩延徽出使契丹国。

原本是向耶律阿保机寻求支援，可韩延徽见到耶律阿保机却坚决不下跪，这令耶律阿保机相当恼火。在耶律阿保机眼里，韩延徽对自己简直就是大

知识链接

辽朝五京制度

战争期间，为了对占领的土地进行有效管理，辽形成了五京制度。其中辽上京道以临潢府为政治中心，是辽的首都。其他包括中京道大定府、东京道辽阳府、南京道析津府、西京道大同府，都属于陪都。

不敬，于是命人把他扣押在了契丹。你不是不把我放在眼里吗？我干脆就让你去放马。

如果事情就此结束，那么耶律阿保机可能就错失了一位贤才，而韩延徽则可能一辈子留在契丹放马。幸亏耶律阿保机身边有一位开明的女人，他的妻子——皇后述律平。

述律平对耶律阿保机说："韩延徽是个德才兼备的人，你为什么要用放马这样的职务使他受辱呢？我们契丹国应该礼遇他啊。"耶律阿保机觉得述律平说得有道理，于是命人把韩延徽找来深谈，发现韩延徽正是自己治国需要的人才。就这样，耶律阿保机大度地让韩延徽参与了自己的军政要务。

▲ 韩延徽雕像

果然，韩延徽没有辜负耶律阿保机的信任。他在契丹国最早倡导"胡汉分治"，建议耶律阿保机建立城郭，妥善安置为逃避战乱而来的中原汉人，尊重他们的生活习惯。于是耶律阿保机设立南北二院，契丹国的制度在北面推行，南面则采取中原汉人的制度。耶律阿保机让这些汉人在土地上开垦农田，还允许他们选择配偶，人民在耶律阿保机的领土上得以安居乐业。

特别值得一提的是韩延徽的一段轶事。他在契丹国生活久了，很想念中原的家人，于是韩延徽偷偷跑回了中原。可是他的才能在中原根本得不到施展，同时还担心因被人嫉妒而遭陷害，后来他又回到了耶律阿保机身边。看到了久违的韩延徽，耶律阿保机不仅没有生气，还非常高兴地委以重任。这令韩延徽极其感动，更加对耶律阿保机以及辽朝忠

心耿耿。直至耶律阿保机去世，到辽穆宗耶律璟统治时期，韩延徽一直都为辽朝的繁荣发展尽职尽责。他七十八岁去世后，耶律璟对韩延徽厚葬并赠尚书令，他的后代也因此而世袭崇文令公。

以韩延徽为代表的汉人，参照中原文化辅佐耶律阿保机，为整个大辽帝国勾勒出了基本框架，同时不断进行军事扩张，使后来的统治者得以在此基础上，将辽朝发展壮大。

开国之君的胸怀大都十分宽广，能容纳各种人才，甚至能够化敌为友，让天下百姓心悦诚服地服从领导

第一功臣耶律曷鲁

契丹国成功建立，辽太祖重点嘉奖了二十一位开国功臣。其中契丹迭剌部的耶律曷鲁，被辽太祖视为“心”，是辽朝功居首位的开国功臣。

耶律曷鲁与耶律阿保机同龄。年少时，耶律曷鲁与耶律阿保机就非常要好。成年后，两人更是将自己心爱的马匹坐骑，甚至代表着贵族身份的名贵毛皮大衣互换。

不过，如果说耶律阿保机是与生俱来的领导者，那么耶律曷鲁则很清楚自己是为领导者保驾护航的人。当时的掌权者耶律释鲁被自己的儿子耶律滑哥杀死后，耶律阿保机意识到，在残酷的政治斗争中，自己必须保持警醒。耶律曷鲁为了保护好耶律阿保机的安全，从此每天佩戴宝刀跟随其左右。

就连耶律曷鲁的父亲耶律偶思也早就看出，耶律阿保机将来势必担负起关乎整个契丹族兴衰的重要使命。因而耶律偶思在病危的时候，郑重地将耶律曷鲁等几个儿子交给了耶律阿保机任用。后来耶律阿保机逐渐在契丹族的军事和政治中掌权，耶律曷鲁一直追随着他。每次遇到令耶律阿保机头疼的军政问题，他都要听听耶律曷鲁的意见。

耶律曷鲁最为杰出的才能，应该是他在战场上的骁勇善战。在契丹与周边少数民族的战争中，耶

知识链接

辽朝行政区划

《辽史》记载，辽从上至下分为三个级别，包括：道、州、县。辽有5道，以京为行政中心。比道低一级的是4种行政区划类型：府、州、军、城。最后一个级别就是县。

皇帝拥有极大的权力，正因为如此，刺杀皇帝并取而代之的事件屡见不鲜。如果能得到一位武艺高强、忠心耿耿的武将，皇帝就可以大大降低非正常死亡的概率

律曷鲁屡次立下战功。

首先是对同样在草原上以游猎为生的部族的征讨，包括越兀部和乌古部等，这些部族都败给了耶律曷鲁带领的精锐骑兵。

接着，耶律曷鲁追随当时担任迭剌部夷离堇的耶律阿保机，讨伐奚族。耶律曷鲁可以说是勇气可嘉并且智谋出众，竟然单枪匹马进入奚族驻地劝降。耶律曷鲁巧妙分析了契丹与奚族的关系，指出奚族与契丹族都是北方草原上的少数民族，使用的语言都差不多，说明大家本是同族，契丹的夷离堇耶律阿保机仁爱天下，必定会对奚族予以厚待，奚族与契丹族联合抵抗压迫自己的中原势力才是明智之举。耶律曷鲁晓之以理，动之以情，对于战争中本就处于劣势的奚族来说极具说服力，最后顺利使奚族归附契丹。耶律曷鲁的机智可见一斑。

▲ 辽·花鸟图（局部）

不过耶律曷鲁身上最令阿保机看重的，是他的忠诚。就在耶律阿保机成为于越时，有心提拔耶律曷鲁担任迭剌部夷离堇，这意味着可以掌握迭剌部的军事权力。耶律曷鲁却拒绝了阿保机的好意，原因在于他认为自己担任要职的时机还不成熟，耶律阿保机周围依旧充斥着各种反对势力，耶律曷鲁要保护耶律阿保机，追随在他左右。

对于任何一位领导者来说，能够获得这样忠心耿耿的部下，都是千金难得的财富。难怪当耶律曷鲁与耶律阿保机合力将救援黑车子室韦的中原兵伏击、顺利降服了室韦族后，耶律阿保机与唐朝的节度使李克用见面时，就将自己身边威风凛凛的耶律曷鲁极其自豪地介绍给众人。

耶律阿保机能够将耶律曷鲁比作“心”，还有一个更重要的原因是耶律曷鲁拥护耶律阿保机成为契丹族可汗。当时的契丹族可汗痕德堇临终留下立耶律阿保机为可汗的遗命。痕德堇可汗离世后，耶律阿保机却推辞了。

耶律曷鲁指出阿保机继位不仅是奉行前任可汗的遗命，也是顺应天命，他甚至拿出耶律阿保机出生时满屋神光、奇香，以及当年伯父耶律释鲁的夸赞等为佐证。见耶律阿保机还是推辞，耶律曷鲁则劝耶律阿保机，如果他不当可汗，而是换作其他没有德才的人来担任，那么整个契丹国都会面临危机。

知识链接

辽朝中京

公元 1007 年，耶律德光从后晋皇帝石敬瑭手中夺得了燕云十六州后，在今天内蒙古赤峰市的宁城县修建了大定府，也就是辽中京。大定府是辽代五京之一，辽圣宗以后，更将其作为都城。直到明朝初年辽中京才废弃。

耶律曷鲁一语击中阿保机忧国忧民的内心，终于成功劝说其成为契丹族可汗。

耶律阿保机组建腹心部，由耶律曷鲁管理。耶律曷鲁领着耶律阿保机的精锐部队，带兵冲在最前面，刀起刀落，杀死无数反叛的耶律氏族人，毫不犹豫地帮助耶律阿保机平复了诸弟之乱，为耶律阿保机成为名副其实的皇帝保驾护航。

耶律阿保机再次任命耶律曷鲁为迭剌部夷离堇，耶律曷鲁努力发展部落内的农牧业，同时继续帮助耶律阿保机出兵讨伐其他少数民族的反叛势力，镇压了乌古部。就连耶律阿保机建国称帝，也是耶律曷鲁带领着满朝文武百官提出的建议。

从这之后，耶律阿保机继续东征西讨，耶律曷鲁也是屡次带着部队冲杀在前，立下赫赫战功。

在耶律曷鲁病重的时候，耶律阿保机前来看望。阿保机问耶律曷鲁有什么遗言。耶律曷鲁对耶律阿保机的政绩赞不绝口，说自己生前已经备受恩宠，所以死后也没有什么遗憾了。不过唯一令耶律曷鲁担心的，就是迭剌部的分散事宜，希望耶律阿保机能尽快解决。可见耶律曷鲁临终前，依然忧国忧民，对耶律阿保机忠心耿耿。耶律曷鲁逝世后，耶律阿保机极其悲痛，对其进行厚葬，以义兄弟相称。

断腕太后述律平

契丹族，男人骁勇善战，女人英勇无畏。辽太祖耶律阿保机的妻子述律平，就是一位极其神勇的皇后，在历史上有“断腕太后”之称。

按照契丹族的通婚传统，耶律氏和述律氏彼此通婚，同时述律平的母亲姓耶律，是耶律阿保机的姑姑。述律平 14 岁就嫁给了耶律阿保机，当时的耶律阿保机也是意气风发的年龄，只有 20 岁。耶律阿保机雄才大略，述律平则是一位智勇双全的贤内助。当耶律阿保机日益掌握了军事大权之后，述律平为阿保机出兵打仗献计献策，战场上，述律平更是骑着战马，随同耶律阿保机上阵杀敌。

耶律阿保机成为契丹族可汗后，想要废除旧制，

> **知识链接**
>
> **四时捺钵制**
>
> 捺钵指辽朝皇帝的行宫。四时捺钵制指辽朝皇帝一年四季外出狩猎巡游，处理国家的政治大事都要在行宫中进行。
>
> 这些皇帝外出时的行宫与在辽朝首都中的宫帐有所不同，根据季节分为冬捺钵、春捺钵、夏捺钵、秋捺钵。

成为世袭君主，受到述律平的全力支持。她帮助丈夫准备人马和粮草，重用中原汉人。

耶律阿保机连任可汗后，引发诸弟之乱，述律平充分显示出她的果敢。她不仅带兵保护支援耶律阿保机，还在耶律阿保机想要释放部分叛乱的耶律氏宗亲时，劝丈夫必须斩草除根。耶律阿保机因此在迭剌部大刀阔斧地铲除反对势力，为自己成为辽代世袭帝王奠定了基础。

在耶律阿保机成功称帝之前，还有一招缓兵之计。即在契丹族其余七部反对他的时候，耶律阿保机以退为进，交出可汗职位，留在滦河边建的汉城治理盐铁业。述律平建议耶律阿保机，待七个部落酋长齐聚汉城参加他组织的宴会时，将他们一网打尽。耶律阿保机采纳妻子建议后，成功扫除了契丹族内部的所有反叛势力。

耶律阿保机当上皇帝后，述律平也被大臣们尊称为“地皇后”，与耶律阿保机一个是天，一个是地，以显示其地位的尊贵。随后耶律阿保机不断带领军队征讨其他少数民族。在耶律阿保机攻打党项族的时候，遭到室韦族部落偷袭，身为皇后的述律平，毫不犹豫，披上战袍，提起战刀，飞身跃上战马，亲自带兵上阵，以英勇无畏的精神和极佳的军事策略，攻破敌军阵营，为丈夫耶律阿保机解围。述律平皇后在战马上的风采，丝毫不逊色于契丹族男子，她的威名也因此响彻北方草原。

如果给历史上每个人物加一个关键词的话，述律平的关键词应该是“果敢”。这在耶律阿保机逝

知识链接

辽朝疆域

辽朝疆域最为广阔时，北至克鲁伦河，东至渤海地区，东北达到了我国的外兴安岭，西至我国今天的阿尔泰山地区，南至今天甘肃、山西、河北的北部。

▲ 辽·金链竹节式白玉盒

世后，也多有体现。

述律平和耶律阿保机共生了三个儿子，分别是大儿子耶律倍、二儿子耶律德光、三儿子耶律李胡。由于述律平想让自己最喜欢的小儿子耶律李胡当皇帝，因此完全不顾 28 岁的长子耶律倍已经可以治理朝政的事实，强行摄政，代为行使皇权。

此时已经是太后的述律平，拿为太祖殉葬当理由，将朝中反对自己的大臣杀死。汉族大臣赵思温实在看不下去了，对述律平说，与辽太祖最为亲近的人应该是太后，与其让臣子们去为太祖殉葬，不如让太后去。

谁知述律平听到这些话，竟然毫不犹豫地举刀砍向自己的右手腕。述律平的右手就这样被放入辽太祖耶律阿保机的棺材内，代替述律平本人殉葬。真可以说是“舍不得右手腕套不着皇权”，述律平这招太绝也太让人感到意外了，着实令那些反对她的朝臣们备感震惊，甚至可以说是恐惧。

见到皇太后鲜血淋淋的右手，满朝文武真正领教了述律平骨子里的果断决绝，从此对于述律平的掌权，大家在公开场合都选择了沉默，没人再敢公然反对她。

不过一生果敢的述律平，却因为她偏袒的幼子耶律李胡实在不争气，而在晚年落得被孙子耶律阮幽禁的结局。述律平的长子耶律倍，在耶律阿保机带兵西征时，被册封为东丹国主。次子耶律德光，因战功显赫，掌握了实打实的军事大权。事实上，述律平和耶律阿保机所生的这两个儿子，政治、军事才能都非常出众。只是耶律倍更加喜好文学，推崇中原文化，耶律德光比耶律倍性格刚猛一些，尊崇契丹族传统，武功更为出众，这也更讨述律平的欢心。

因为述律平推崇契丹族要骑在战马上打天下。于是耶律阿保机逝世后，在她的主导下，长子耶律倍让位，留在东丹国，次子耶律德光当上了皇帝。述律平和耶律德光一直防着东丹国主耶律倍，怕他谋反，以至于耶律倍被逼得逃到了后唐。

述律平非常偏爱他的小儿子耶律李胡。耶律德光死后，述律平本想扶持耶律李胡当皇帝，谁知在未经她同意的情况下，耶律倍的儿子耶律阮继承了皇位。固执的述律平派耶律李胡去讨伐耶律阮，想把皇位抢回来。可耶律李胡实在不争气，打了败仗，最终述律平与耶律阮祖孙讲和。可述律平还是不甘心，暗中依旧想要扶持耶律李胡当皇帝，甚至准备发起反叛。耶律阮也不是吃素的，终于将述律平和

知识链接

耶律屋质

辽朝名臣耶律屋质，文武双全。从辽太祖耶律阿保机开始，他经历了辽太宗、辽世宗、辽穆宗、辽景宗5位皇帝的统治。

在辽世宗耶律阮称帝，以及拥立辽穆宗耶律璟的过程中，他都是关键人物。

耶律屋质在太原大胜北宋军队后，被封为“于越”。“于越”位在百官之上，为大臣最高荣衔。他是辽除耶律曷鲁外，第二个得到“于越”称号的人。

耶律李胡软禁到了今天内蒙古巴林左旗西南的祖州，严密监管起来。最后，述律平活到七十多岁，去世后与丈夫耶律阿保机合葬。

耶律德光争霸中原

辽朝第二位皇帝耶律德光，定都上京。他能够坐上帝王的宝座，主要是因为他在军事方面的卓越才能，以及身为太后的母亲述律平的力挺。耶律阿保机生前对大儿子耶律倍和二儿子耶律德光都非常器重。不过耶律德光的性格更加刚猛，与耶律阿保机年轻时非常相像。

耶律德光只有20岁的时候，就跟着耶律阿保机带兵出征，攻打中原的幽州、定州等地，征讨回鹘、党项等少数民族。就连辽太祖攻打渤海国时，耶律德光也是带领着军队做耶律阿保机的开路先锋。正是因为年少时在战场上立下赫赫战功，从太后述律平的角度来看，便很支持耶律德光成为皇帝，满朝文武百官也极其敬畏耶律德光。所以当父亲耶律阿保机逝世后，把契丹国军事大权牢牢抓在手中的耶律德光，就顺理成章地当上了皇帝，即辽太宗。

历史上几乎所有新皇帝登基后，首先要做的事就是铲除反对势力。耶律德光继位后，先对他的哥哥，也就是远在渤海国的东丹王耶律倍下手。耶律倍被弟弟耶律德光和母亲述律平逼得走投无路，只好逃

知识链接

渤海国

渤海国是以粟末靺鞨为主的多民族国家。公元698年由粟末的杰出领导者大祚荣建立，公元926年被辽朝所灭，成为归属于辽朝的东丹国。

渤海国所辖区域包括今我国东北、俄罗斯远东部分地区和朝鲜半岛的东北部地区。

▼ 辽上京遗址

至后唐，耶律德光就这样将契丹统一。

这之后，后唐节度使石敬瑭请求耶律德光出兵，帮助自己谋反，并且不惜称比自己还小十几岁的耶律德光为父亲，还以燕云十六州这块“肥肉”作为割让条件。

石敬瑭原本在战场上骁勇善战，在政治上也很有谋略。随着他屡次立下战功，在后唐加官晋爵，手中掌握了更多的权力。不过，石敬瑭帮助李从珂杀死

后唐皇帝李从厚后，石敬瑭的好日子却开始出现了危机。李从珂虽然当上了皇帝，但他并不信任石敬瑭。李从珂把石敬瑭看成是自己皇权的威胁，甚至将石敬瑭软禁在皇都，不让他回到自己管理的河东地区。

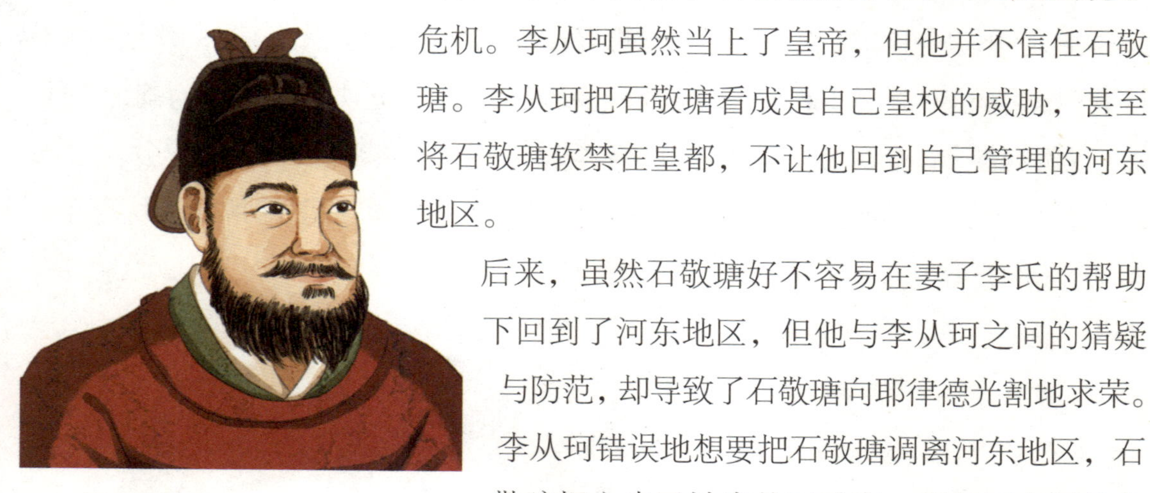

▲ 石敬瑭

石敬瑭是五代十国时期后晋的开国皇帝。他原是后唐明宗李嗣源麾下战将，战功赫赫。后唐末帝李从珂即位后，石敬瑭担任河东节度使，手握重兵。公元936年，他起兵造反。为了取胜，他以割让燕云十六州并认耶律德光为父为条件求契丹出兵。在契丹的援助下，石敬瑭称帝灭后唐，建立后晋。

后来，虽然石敬瑭好不容易在妻子李氏的帮助下回到了河东地区，但他与李从珂之间的猜疑与防范，却导致了石敬瑭向耶律德光割地求荣。李从珂错误地想要把石敬瑭调离河东地区，石敬瑭担心自己被李从珂杀害，便赶紧向契丹求援。就在李从珂大军准备将石敬瑭一锅端的时候，石敬瑭提出，只要耶律德光出兵增援，就将燕云十六州割让给契丹，并且每年向契丹进贡大量的财物。石敬瑭还许诺，自己登基后，他石敬瑭就是耶律德光的“儿皇帝”，自己建立的国家就是契丹的“儿国”。

燕云十六州，也就是今天的北京和天津、河北、山西的部分地区。这些地区自古就是兵家必争的要塞，如同中原与北方草原的门户。石敬瑭这么肯出“血本”，将求之不得的燕云十六州献给契丹，同时耶律德光也正在找机会，率领契丹军队南征。这样既不费吹灰之力，打开了中原门户，又为自己带兵南下找到了合理的理由，毫无疑问，石敬瑭的求援，正中耶律德光的下怀。

于是耶律德光亲自出征，率领大军，偷袭后唐军队。后唐那么少的将士，哪里是耶律德光率领的大军的对手，很快，耶律德光便打败后唐，册封石

知识链接

辽朝“一国两制”

辽太宗耶律德光统治时期，对辖区内的契丹人和汉人“因俗而治”，专门设立了北面官和南面官。他在北方地区推行游牧民族制度，设立宫帐，用本民族的制度治理契丹人；在南方地区发展农耕，设立州县，用中原制度治理汉族人。后来耶律屋质辅佐辽世宗将南北面官合并，形成了南北枢密院，进一步加强了辽的中央集权。

敬瑭为后晋皇帝。

燕云十六州到手之后，辽的统治范围已经到达了长城一带。契丹族与汉族进一步融合，为了更好地治理国家，耶律德光将皇都改为辽上京。

在父亲耶律阿保机确立的政治体系基础之上，耶律德光进一步改革官制，采用“因俗而治”的方式，将辽朝的官制分为管理契丹族的北面官和管理汉族的南面官。北面官的官吏由契丹族担任，沿袭并发展了契丹族以往的管理办法；南面官由汉族担任，采用了唐朝以来的三省六部制等。

这是辽朝独具特色的“一国两制”，它实施的原因在于辽朝的契丹族和汉族在生活习惯等各方面都不同。因而耶律德光延续了父亲学习借鉴中原文化的政治理念，将后晋的官职灵活运用到辽的政治管理方面。

同时耶律德光还鼓励农耕，在草原上开垦出大片农田，并整顿赋税，这极大程度上增强了辽的国力，契丹变得比以往更加强大。

继石敬瑭之后，后晋的石重贵当上了皇帝。石重贵上任后，遇到了一个问题，就是自己究竟要如何处理与契丹之间的关系。石敬瑭称耶律德光为父亲，那么石重贵是否要称耶律德光为爷爷呢？最后石重贵听取了大臣的建议，决定自己可以给耶律德光当孙子，但不再称臣。这让耶律德光非常恼火，认为石重贵是要谋反，同时也为他带兵南下找到了借口。

耶律德光一方面收获了燕云十六州的军事和政治成果，另一方面为了镇压后晋的反叛势力，继续向南用兵，想要争霸中原。

耶律德光亲自率领大军，用了大约三年时间，最终抓住石重贵，将后晋灭掉。

这期间，虽然石重贵也意识到自己力量有限，想要与耶律德光重修旧好，但眼看就要南征成功了，耶律德光怎么可能善罢甘休。好在中原的爱国军民，誓死守护疆土，让耶律德光没有瞬间将后晋灭掉，甚至在两次大规模的作战中，后晋大败契丹。石重贵实在是得意，开始沉迷于酒色，挥霍无度，这极大地损耗了后晋的国力，为耶律德光带兵取得最终的胜利创造了条件。

就这样，后晋的皇宫被契丹大军重重包围后，石重贵虽然主动求降，但还是遭到了耶律德光的流放。随后耶律德光在东京汴梁，穿上中原皇帝的龙袍，面见朝臣和百姓，显然摆出了中原皇帝的派头，并正式改国号为“辽”。

耶律德光自此实现了父亲耶律阿保机一生的愿

知识链接

石重贵

石重贵是石敬瑭的养子，后晋的第二位皇帝。公元942年，石敬瑭去世，石重贵继位。石重贵虽然能力非常一般，手下也没有能征善战之人，但他却很有骨气，以臣服于契丹为耻，因此他不肯向契丹称臣，引起两国交战。

公元947年，契丹攻占开封，后晋灭亡。石重贵被俘后送往契丹。

▲ 辽·三彩釉印牡丹纹海棠盘

望，真真正正地坐上了名副其实的皇帝宝座。不过他在这个位子上坐的时间非常短暂。

耶律德光本以为带着辽国大军进入东京汴梁，就可以把掌握天下大权的皇位坐稳。可没想到的是，耶律德光带领自己的军队进入中原，到处抢夺、屠杀百姓，民心尽失，遭到了各地百姓的反抗。

面对各地起义军接二连三的反抗，耶律德光也开始害怕起来，不得不带领着军队向北方撤退。他终于意识到自己在中原治理上的失误，可是为时已晚，辽国大军死伤惨重，军心涣散。耶律德光自己也生了病，走到河北栾城时病死了。

如果说辽太祖耶律阿保机是辽朝极具开拓精神的创业者，那么辽太宗耶律德光则是一位非常敬业的守业者。辽太宗的一生虽然短暂，在位也只有20年，但却对辽朝的政治、经济、军事等各个方面都有杰出贡献。尤其是将官制系统化和

促进农耕经济发展方面，使辽国更加强盛。唯独令后人惋惜的是辽太宗南下中原上的失误。当时他的母亲述律平也劝说他放弃争霸中原，因为当时北方草原上发生了自然灾害，长期征战也令契丹士兵开始消极厌战。述律平怕耶律德光就算在中原当上皇帝，也会出意外，可没想到，耶律德光恰恰就命丧于从中原返回辽的途中。

知识链接

燕云十六州

燕云十六州包括幽、蓟、瀛、莫、涿、檀、顺、云、儒、妫、武、新、蔚、应、寰、朔，主要位于今北京、天津北部、河北北部以及山西北部地区。

公元936年，后晋皇帝石敬瑭为了取得契丹的援助，将燕云十六州割让出去，使中原完全暴露在北方少数民族的铁蹄下。

东单王出走后唐

辽太祖和述律平的大儿子耶律倍，原本应当是自父亲耶律阿保机之后，辽朝的第二位君主。当年耶律阿保机称帝时，就将耶律倍册立为皇太子。后来渤海国被征服，成为辽版图上的东丹国，耶律阿保机便专门派他早已选好的皇位继承人耶律倍去管理，并赐予他“人皇王”的尊贵称号和天子冠冕。

这其中有很深的用意。耶律阿保机称帝后的尊号是“天皇帝”，他的妻子述律平则被尊称为“地皇后”，现在又将大儿子耶律倍尊称为“人皇王”。中原有“天、地、人”三才的说法，耶律阿保机采用这一说法，将尊贵称号赐予大儿子，可见耶律倍的地位仅次于他的父母，未来势必是向着帝王方向培养的。可惜耶律倍并不讨母亲述律平欢心，这是

▲ 辽代令牌

他难以坐上皇帝宝座的致命伤。

尽管耶律倍的才能一点都不输给他的弟弟耶律德光。耶律阿保机讨伐乌古部、攻打定州、征讨渤海国时，耶律倍不仅献计献策，还经常作为开路先锋，骑在战马上一路所向披靡，大破敌军。

耶律倍的文化修养也极高，文韬武略样样精通，博览群书，在阴阳学、音律、医学、文学、绘画等方面，都有很深的造诣。耶律倍喜欢读书，就从中原买了上万本书，他将这些书都收藏在了自己的望海堂藏书楼里。耶律倍不仅用契丹文写得一手好文章，运用汉文写作也是驾轻就熟，他翻译了《阴符经》，如果生活在今天，耶律倍或许能够成为一位高富帅级别的翻译家。

在绘画领域，耶律倍的人物画尤其出众，草原上的放牧情景被他画得栩栩如生，特别是他画的那些鞍马，宋代学者们给予了很高的评价。在宋朝的皇宫中，耶律倍有多幅画作被完好收藏。

不过，耶律倍恰恰是因为受中原汉族文化影响太深，导致其难与述律平思路一致。他崇尚孔孟之道，主张儒家思想的治国方略。这与述律平尊崇契丹传统的思想悖逆。因而在阿保机逝世后，早就对母亲的心思有所洞悉的耶律倍，深知自己的力量难敌述律平的强势，为保自身安全，也不想与自家人关系僵化，便主动将皇位让给了弟弟耶律德光。耶律倍也就成了历史上的“让国皇帝”。

耶律倍本以为从此以后能够过上平静的日子。

知识链接

禅让

禅让是一种从原始社会沿袭下来的传位方式。在那个国家还没有出现的年代，当权者会整合周围人的意见，把首领的位置传给更贤良的人。中国古代的尧、舜等首领都是通过禅让方式传递位置的。直到禹的儿子启继承首领位置，建立国家，公天下变成家天下后，禅让制才慢慢退出历史舞台。

可是没想到耶律德光当上皇帝后，述律平和耶律德光都对耶律倍非常不放心，怕他依旧心存不甘，耶律德光就派人密切监视耶律倍，把他严密控制起来，如同软禁。

这主要是因为耶律倍掌管的东丹国，在当时并不受辽朝皇帝直接管辖，东丹国在地方上高度自治。东丹国是辽将渤海国灭掉后，在其原有国家基础之上建立的一个属国。原先的渤海国在辽的东边，因此就起了东丹国这样的名字。为了安抚渤海国的臣民，便于辽的统治，东丹国的国都就是渤海国原有的都城忽汗城，采用的君主制度也是渤海国原有的旧制。东丹国主能自己任免官职低于宰相的官吏，甚至有建年号、国号和外交的权力。也就是说，如果被封为东丹国主的耶律倍有心谋反，东丹国作为地方割据势力，对耶律德光的皇位依旧有威胁。

不过既然甘心让国，耶律倍便已经对皇位死心。刚好后唐皇帝李嗣源得知了耶律倍凄楚的境遇，便秘密联络他，帮助他投奔了后唐。耶律倍出走后唐，实属无奈，他作为出身皇家的贵族，去后唐时却根本没有什么仪仗队随行。耶律倍领

着高美人，孤苦伶仃，悲悲切切地上了船，离开了自己的国家。

耶律倍为此还做了一首《海上诗》，诗云："小山压大山，大山全无力。羞见故乡人，从此投外国。"这里的"小山"无疑指的就是他的弟弟耶律德光。诗中将弟弟耶律德光对自己的苦苦相逼，以及耶律倍内心的无奈，抒发得淋漓尽致，其中的凄楚、哀婉之情，涓涓流淌。

后唐皇帝李嗣源待耶律倍还不错，不仅用皇帝的规格款待他，奉上高官厚禄，还赐予他汉名李赞华。然而后唐皇帝死后，李从珂杀死了已当上皇帝的李从厚，掌握了政权。耶律倍心念自己的家乡契丹，便秘密通知弟弟耶律德光，告诉他趁后唐内乱，快来攻打。可是耶律德光却是借着石敬瑭出让燕云十六州的丰厚条件，才领兵南下的。李从珂见自己气数已尽，便想和耶律倍一起自焚。耶律倍不肯，他便派人杀了耶律倍。

知识链接

先斩后奏

"先斩后奏"是我们常用的一个成语，原来指的是臣子先把人处决了，再报告帝王，通常用于下级对上级的报告；现在则用来比喻未经请示就先做了某事，造成既定事实，然后再向上级报告。

平叛皇帝辽世宗

东丹王耶律倍的儿子耶律阮，当他的父亲出走后唐时，他和自己的母亲留在了辽。耶律阮有着契丹族人的魁梧身材，性格宽容善良，骑射技术绝佳，部下都非常敬佩他。耶律德光虽然对耶律倍百般提防，但很喜欢耶律阮，把他当自己的亲生儿

子对待。辽太宗耶律德光讨伐后晋时就带着耶律阮。后来耶律德光坐上中原皇帝宝座，也没有忘了给他喜欢的耶律阮封赏。耶律阮因此被辽太宗封为永康王。

知识链接

辽朝“东向尚左”

契丹族的习俗崇尚坐西朝东，并且以“左”为尊。因而辽朝皇帝无论是在家住大宫殿，还是外出打仗住大帐篷，其方位都要坐西朝东。

官员们的住所则要在皇帝住所的两侧。其中位于皇帝住所左侧的官员地位更为尊贵。

然而太后述律平却不同。耶律德光逝世后，述律平觉得这下自己心爱的三儿子耶律李胡有当皇帝的机会了，便一心想要扶助他。可是在契丹贵族阶层中，许多反对述律平的势力已经意识到，如果让残暴的耶律李胡当上皇帝，他便可能大规模铲除异己，因而他们便想到了身为东丹王儿子的耶律阮。不过支持耶律阮当皇帝这件事，大家觉得还是瞒着述律平比较好，不然一旦被她知道，不仅耶律阮可能小命不保，连同支持耶律阮的众人，都会被述律平视作反对势力铲除掉。

那么对于当皇帝这件事，耶律阮是怎么看的呢？耶律阮起初比较犹豫，可是他的亲信耶律安抟，因为其父耶律迭里曾拥戴耶律倍当皇帝而被述律平杀死，便苦口婆心相劝，终于说动了耶律阮。想到父亲耶律倍曾经的悲惨处境，以及眼前恰到好处的夺取皇位的时机，于是先斩后奏，在述律平不知情的情况下，耶律阮于叔父耶律德光的灵柩前，被众人拥戴登上帝位，成为辽的第三位皇帝，即辽世宗。

述律平知道后，自然是大为恼火，先是派耶律李胡讨伐不成，便亲自出马，想要打败孙子耶律阮，夺回皇位。后来在横渡这个地方，述律平与耶律阮在耶律屋质的劝说下终于和解，述律平和三儿子耶律李胡这才承认耶律阮当上皇帝的事实。这便是历史上有名的“横渡之约”。

与叔叔耶律德光继承皇位时不同，耶律阮虽然被众人拥戴称帝，可是政权根基并不牢固。他的祖母述律平和叔叔耶律李胡对政治大权旁落依旧心存不甘。耶律阮还与自己的父亲东丹王耶律倍一样，对中原文化极其热衷，重用了不少汉人。这令许多契丹贵族对他不是很看好，企图谋反。因而耶律阮当上皇帝后，首先要做的就是想方设法平息叛乱。

辽世宗耶律阮先是将他的祖母和叔叔软禁在了祖州，述律平从此无法再干预朝政。然后耶律阮将他的母亲萧氏尊称为皇太后，并且重用母亲的娘家人，设国舅帐，其职务就是帮助自己处理朝政事务。耶律阮后来还进一步完善了辽的官制，加强了中央对诸如渤海国等的管理。与此同时，在对拥戴自己登上皇位的大臣们论功行赏之后，耶律阮开始四处平息叛乱。

之后，辽太宗耶律德光的第三个儿子耶律天德，与他的姑父萧翰等人一起谋

反。辽世宗知道这件事以后，迅速出兵，平息叛乱。可萧翰对于谋反的事情还是不死心，他和公主阿不里去联络辽太祖的弟弟耶律安瑞。耶律安瑞在太祖时期就是谋反专业户，在“诸弟之乱”时兴风作浪。辽太祖平息叛乱后念及兄弟情分，将耶律安瑞赦免。萧翰觉得自己联手耶律安瑞胜算很大。不过这件事却被耶律屋质知道了。耶律屋质当年为保国家社稷稳固，成功劝说述律平与耶律阮祖孙和解，他才德出众，智勇双全，此时面对萧翰等人策划的谋反，耶律屋质便毫不犹豫地将这件事告诉了耶律阮。

已经习惯了镇压叛乱的耶律阮，迅速采取行动，将不安分的萧翰杀死，将公主阿不里关进了监狱。耶律安瑞则因为儿子耶律察割的揭发，被贬到其他地方带

兵打仗。

然而对于耶律察割，耶律阮觉得既然他能揭发亲生父亲，势必对自己忠心耿耿，就这样极其大意地将他留在了身边。可耶律阮却没有想到耶律察割是个表里不一的人。

表面上来看，耶律察割对耶律阮极其恭顺，甚至表现得非常懦弱，不仅经常把家里的很多事情讲给耶律阮听，还对他言听计从，但耶律察割的真实内心却极其邪恶和残忍。事实上，耶律察割的本性早已被辽太祖耶律阿保机看穿。阿保机曾叮嘱亲近自己的侍卫说，耶律察割是个非常凶残的人，绝对不可以让他在自己一个人的时候进宫来，以免耶律察割对自己不利。

可耶律阮毕竟不是耶律阿保机，他根本就没有发现耶律察割已经在暗中策划谋反。尽管耶律屋质一再提醒耶律阮要小心提防耶律察割。可是这次，耶律阮却不再相信耶律屋质的话，竟然还将耶律屋质写给自己类似于“告状信”的奏表，拿出来给耶律察割看。耶律察割诬陷耶律屋质这是嫉妒自己，在耶律阮面前泣不成声。耶律阮觉得耶律察割的忠心表现在他可以背弃父亲来效忠自己，耶律屋质却认为一个对父亲都不孝顺的人，不可能对君主忠心。可是耶律阮终究没有采纳耶律屋质的建议，没有对耶律察割采取任何防范措施，最终酿成大错。

当时辽世宗准备南征，支持北汉，攻打后周。可是朝堂上下对这次出兵都不太赞同。契丹族将领

知识链接

管仲与齐桓公

管仲是我国春秋时期的著名政治家。齐桓公即位后任用管仲进行改革，发展经济。在管仲的治理下，齐国国力大增。

同时他提出建议，要齐桓公打出“尊王攘夷”的旗号，最终称霸天下，齐桓公因此成为春秋五霸之首。

▲ 辽·三彩釉塑鸳鸯形水注

们对长年累月征战已经感到厌烦，战争劳民伤财，对国家发展也非常不利。可是耶律阮完全不听众人的规劝，命令将领们带兵南下，自己随后也挂帅出征。就在耶律阮南征途中，耶律察割暗中部署，趁他酒醉，带人冲入营帐，将熟睡中的耶律阮杀死。耶律察割终于暴露了他的本性，耶律阮也为此搭上了性命和江山。正如管仲临终前对齐桓公说，公子开方是个背弃父母取悦君主的人，如此不近人情的人，又怎么可能会忠于国君。恐怕耶律察割的种种行径，相比于公子开方，有过之而无不及。

耶律阮被杀的时候正值盛年，幸亏耶律屋质有先见之明，及时逃脱，后来带领大军平息了耶律察割的叛乱。

知识链接

耶律娄国

耶律娄国是耶律倍的次子，辽世宗耶律阮的弟弟。

公元951年，辽世宗任命他为武定军节度使。后来辽世宗被耶律察割杀死，辽穆宗平定叛乱后即位为帝，耶律娄国被任命为南京留守。穆宗即位后沉湎酒色，不理政事，耶律娄国想要夺取皇位，便密谋叛乱。东窗事发后，被穆宗逮捕后缢杀。

残忍的“睡王”

在辽朝历史上，有一位皇帝非常特别。他没有凭借卓越的政绩被后人铭记，却因为每天晚上歌舞升平，饮酒无度，白天却呼呼大睡，完全不理朝政，而被后世冠以“睡王”的称号，并流传至今。这位“睡王”就是辽朝的第四位皇帝，耶律德光的大儿子，历史上有名的昏君——残暴的辽穆宗耶律璟。

耶律璟昏庸残暴到什么程度呢？

辽世宗耶律阮被耶律察割杀死后，耶律璟刚好在辽世宗的随行队伍中，他便借着镇压耶律察割叛军的机会，当上了皇帝。像所有新帝登基时一样，耶律璟也同样面临着许多反对势力的挑衅。不过残暴成性的他，果断采取了强硬措施，对那些反对自己的人毫不心慈手软。他先是排斥那些曾经支持辽世宗的大臣们，这些大臣有的被贬，有的罢官；然后就是对公开谋反的人进行彻底镇压，诸如绞死了想要自称皇帝的辽世宗耶律阮的弟弟——耶律娄国等。辽穆宗心肠狠毒，只要有人敢公开不服从他的皇权，就很可能面临杀身之祸。

经过这样的强势镇压，辽穆宗很快坐稳了皇帝宝座。可他却天真地以为从此能够无后顾无忧，便开始日日纵情享乐。辽穆宗耶律璟极其喜欢喝酒，每天晚上都要在后宫一边疯狂饮酒，一边歌舞玩乐。天天都玩通宵，早上睡到自然醒，完全日夜颠倒。辽穆宗几乎把所有时间都花在了享乐上，自然是没有时间理会朝政。

再加上辽穆宗很喜欢外出打猎。只要心情好，根本不管什么时节，他都要带着亲信和宠妃去游猎。边吃，边玩，边喝酒，日子无比逍遥快乐。这样的游猎，只要一开始，便有点收不住，常常是通宵达旦，要经历七天七夜的时间。

辽穆宗统治了辽朝18年，大部分时间用在了玩乐上。他自己倒是过得十分快乐，可是对于辽朝上上下下而言，却是非常黑暗痛苦的一段时期。爱喝酒的辽穆宗非常凶残，据史料记载，他除了爱玩之外，另一个最大的爱好就是杀人。酒喝多了要杀人，心情不好也要杀人；征讨后周失败了要杀人，有大臣稍微说了不顺耳的话也要杀人。周围的仆人只是犯了一点小小的过错，辽穆宗便大开杀戒。为他养鹿、养獐、养狼的人被残忍杀死，摆放筷子慢了的侍从也被杀死。起初是因为某种缘故杀人，随后演变为找借口杀人，再到后来变成了毫无缘故就杀人，并且他隔段时间就要杀人，每年都要杀人。

尤其是他身边的侍从，真切感受到了伴君如伴

知识链接

后周

后周是五代时期的一个朝代。公元951年，郭威灭掉后汉，建立后周。随后他进行了一系列改革，减轻徭役，整顿军纪，改善吏治。他的养子柴荣继位后更是进一步推行改革，开疆拓土。

959年，柴荣病逝，他的儿子柴宗训登基。殿前都点检赵匡胤趁机发动陈桥兵变，建立北宋，后周就此灭亡。

虎的危险。毫不夸张地说，如果侍从们稍有不慎，就极可能惹恼了如恶魔般的耶律璟，引来杀身之祸。每天在这样的恐怖氛围中生活，人人自危。终于他的仆人们不堪忍受，侍从联合厨子等组成了专门针对耶律璟的刺杀小组，趁这位昏君喝得酩酊大醉之际，将他杀死。

耶律璟对辽朝漫长的黑暗统治终于结束了，得知他的死讯，恐怕举国上下的臣民都松了一口气。

细数辽朝九位皇帝，只有耶律璟是太宗耶律德光的血脉，其余都是东丹王耶律倍的后代。可偏偏太宗这唯一的血脉也不是励精图治的圣明君主。相反，耶律倍的后代中倒是出了流芳千古的明君。

耶律璟被侍从杀死后，辽世宗的二儿子耶律贤便带着人马，成功夺得了皇位。耶律倍的子孙从此一直当皇帝，直到辽朝末年。

勤政的辽景宗

辽景宗耶律贤，是辽世宗耶律阮的第二个儿子。耶律贤在历史上是位勤政爱民的好皇帝。幼年时期，命运之神似乎就对耶律贤多有眷顾。当年耶律阮被杀，耶律贤的母亲，也就是耶律阮的皇后萧氏也未能幸免，一并遭到杀害。父母双亡的境遇，对于年幼的耶律贤来说是很悲惨的。可值得庆幸的是，在耶律阮夫妇被杀的这场残酷的政治斗争中，他们的儿子耶律贤却幸运获救。只是从此以后，耶律贤的身体变得很不好，一直被病痛折磨着。辽穆宗继位后，身体不太好的耶律贤被安置在永兴宫。

渐渐地，耶律贤长大成人，他身边开始拥有了许多愿意追随并为之效力的文官武将。幼年时期失去父母的痛苦，成为耶律贤内心深处最真切的记忆。随着自身力量不断壮大，耶律贤有心夺回父亲的皇位，不过一切都不能操之过急，必须从长计议。当时，辽穆宗的暴政虽然引发了许多叛乱，但由于镇压手段强硬，都很快被平息了。辽穆宗动不动就杀人，毫无理智可言，大家都很怕他。因而耶律贤在其谋士耶律贤适的指点下，已经意识到决不能公开议论朝政，必须秘密谋划，以免他想要夺回皇权的意图

知识链接

功夫不负有心人

“功夫不负有心人”是一句非常有名的谚语，它告诉我们只要勤奋、认真地对待所做的事，就一定能把事情做好，事情能否获得成功，在于有没有付出辛勤的劳动。

被耶律璟发现，引来杀身之祸。因此耶律贤总是尽可能小心地为夺权做准备，不露出任何蛛丝马迹。

就这样经过漫长的等待、准备和谋划，终于功夫不负有心人，命运之神再次眷顾耶律贤，给了他一次恰到好处的机会。辽穆宗被刺杀，大快人心。得知这个消息后，耶律贤便马上召集人马前往皇宫。昏君去世，必须拥立新帝。辽朝的很多大臣，无论是契丹族还是汉族，都觉得耶律贤是最合适的人选，于是耶律贤即位，成为辽朝的第五位皇帝，即辽景宗。

辽景宗是辽朝历史上极负盛名的君主。他没有像以往的皇帝那样，一上任就大开杀戒，而是对那些与自己政治思路不一致的贵族很宽容，比如给穆宗时期因谋反被牵连入狱而死的耶律李胡追尊帝王称号。接着辽景宗重用了如耶律屋质、耶律贤适等有才能的人，让他们为自己治理国家献计献策。其中很多汉族官员，其才能在辽景宗时期真正有了用武之地。这也是耶律贤在位期间很重要的功绩之一。比如拥立耶律贤称帝的高勋，先是被景宗提拔成南院枢密使，后又给予了秦王的称号；汉族官员韩知古的儿子韩匡嗣后来被封为燕王。可见辽景宗有意让汉族官员更多地参与到中央政权中，这令辽朝以极高的效率实现了中兴。

耶律贤的另一项重大功绩就是允许汉人与契丹人通婚，促进了民族融合。这极大程度上缓解了辽汉之间的民族矛盾。

穆宗时期，辽朝官吏制度混乱，耶律贤当上皇帝后，整顿了辽朝官吏中的不正之风。他还专门研究了古往今来的历史，总结出许多任用官吏时的注意事项。他对在任官员非常信任，官吏论功行赏，论过处罚，这使得大臣们可以尽职尽责为国家效力。辽景宗还鼓励官员们举荐人才，甚至通过公开招纳和考核，选拔出很多有才能的人做官。就这样，皇帝带领着文武百官共进退，团队精神彰显，辽朝政治也一扫穆宗时的黑暗，变得比较和谐。

耶律贤善于纳谏。当时有大臣郭袭劝他减少游猎，考虑到这样做确实有利于国家，耶律贤便采纳了郭袭的意见。他还减轻刑罚，重视安抚百姓，为百姓设置了可以击鼓鸣冤的登闻鼓院。在发展辽朝经济方面，耶律贤吸收了先进的中原文化，非常注重农牧业生产建设，鼓励百姓开垦农田，并且禁止契丹军队对农田随意踩踏。这使得辽朝内政日趋稳定，农牧业经济有所发展，国力变得强盛起来。

如果我们仔细翻阅一下中国历史，就会发现，辽景宗耶律贤的种种作为，与历史上北魏孝文帝的改革极其相似。这不仅令辽朝社会矛盾得以有效缓和，生产力得到大幅度提升，也使耶律贤对于辽的统治进一步加强。

我们再来看看这一时期辽的外交情况。辽太宗耶律德光时期，石敬瑭将“燕云十六州”拱手送给了辽。从中原统治阶层的角度来看，收复燕云十六州一直是历任有远大志向的皇帝的目标。辽穆宗时

知识链接

北魏孝文帝改革

公元 494 年，孝文帝迁都洛阳后实行了一系列汉化措施。

其主要内容包括：易鲜卑服装为汉服；禁止在朝堂上说鲜卑语，改用汉语；迁到洛阳的鲜卑人的籍贯一律改为洛阳；改鲜卑贵族为汉姓，令鲜卑人与汉人通婚。

孝文帝的汉化改革促进了北魏的发展，大大推动了北方民族的融合。

期，后周世宗柴荣很有作为，北伐攻打辽国，几乎都要收复幽州了，但是由于身体患病，所以返回了中原。到了北宋时期，宋太祖赵匡胤忙着处理南方政事，与北方的契丹人相处还算和睦。可是到了辽景宗统治时期，中原的宋朝国力日渐强盛，宋太宗又有心想要收复燕云十六州。在今天北京附近的高梁河一战中，北宋被辽打败，辽与宋之间从此开始兵戎相见。

后来景宗亲自带兵出战，在今天河北雄县的瓦桥关之战中将宋军打得丢盔弃甲。即便当时宋太宗赵光义增兵支援宋军，甚至亲自挂帅出征，但辽朝军事力量

在火炮被发明以前，水上作战多使用弓箭。船上的水军也分为三个兵种：刀盾兵、弓箭兵、艄公。刀盾兵负责防御船只，并与敌人格斗；弓箭兵也称远程兵，负责掩护艄公；艄公负责操纵船只的进退

船是水上交通必不可少的工具。我国在石器时代就学会把一根圆木挖空，发明了独木舟。后来，造船技术不断提高，开始出现桨和帆

雄厚，加上前锋耶律休哥极其善于带兵打仗，宋军被辽打败便成了必然。辽景宗足智多谋，当辽军和宋军隔着河准备决战的时候，辽景宗让耶律休哥的部队赶紧换装，这样宋军便认不出耶律休哥的部队了。接着，趁宋朝援军还没有到来，辽军精锐部队便迅速渡河开战，瓦桥关之战就这样以辽军大获全胜告终。

瓦桥关之战后，过了两年，辽景宗再次带兵攻打北宋。这次却败给了宋将崔彦进。无奈之下，辽景宗只好撤兵返回辽地。可没想到，这却是他和北宋在战场上的最后一次对峙。

因为辽景宗的身体一直都不太好，经常生病，他最后一次带兵攻打北宋后，身体健康情况更加糟糕了。正值盛年的辽景宗耶律贤，在外出狩猎时死在了位于今天山西大同的行宫里。

辽景宗在位期间，将辽朝的政治、经济、军事都治理得井井有条。为辽圣宗时期辽朝鼎盛打下坚实基础。只可惜这位明君英年早逝，让后人感到非常惋惜。

知识链接

高梁河之战

公元979年，宋太宗出兵北伐，企图乘其不备，一举夺取幽州。辽景宗耶律贤得知后急忙令精骑增援幽州，实行反击。宋军轻敌冒进，三面受敌，全线溃退，死伤数万人，宋太宗也在战争中受了伤，乘坐驴车仓皇逃走。这是辽朝与宋朝第一次正面交锋，结束了宋朝统一的步伐，并使宋朝在军事上开始处于劣势。

萧太后摄政

在与“杨家将”有关的影视作品中，常常会提到“萧太后”。她与一身正气的杨家将们是死对头。可历史上真实的辽朝萧太后，是一位非常有作为的政治家，她对辽的发展做出了巨大的贡献。

萧太后叫萧绰，字燕燕。她原本姓拔里氏，因辽太祖耶律阿保机将萧姓赐给了拔里氏，所以契丹族的这一族人从此开始都姓萧。萧燕燕儿时就心思缜密，同样是做家务，萧燕燕总会比其他姐妹做得更仔细。萧燕燕的父亲萧思温对这个女儿极其喜欢，认为萧燕燕长大后势必能做大事。

辽穆宗耶律璟被近侍刺杀后，正是萧思温首先将消息封锁，然后扶助辽景宗耶律贤登上了皇位。萧思温因为辅佐帝王登基有功，被辽景宗重重封赏，他的女儿萧燕燕也被耶律贤召入宫中。萧燕燕进宫后先当上了耶律贤的贵妃，随后也就两个月的时间，萧燕燕便当上了皇后。

公元970年，萧燕燕的父亲萧思温被高勋等人杀死。父亲的死令萧燕燕充满了危机感。同时辽景宗耶律贤身体一直都不是很好，渐渐地，萧燕燕开始协助耶律贤处理朝政事务。耶律贤发现，皇后萧燕燕很能干，便越来越多地把朝政交给皇后处理，后来甚至让大家将萧燕燕的话等同于自己说的话对待。

辽景宗临终前，留下遗言，要将皇位传给尚未成年的大儿子耶律隆绪，但是需要皇后萧燕燕摄政。当时年轻的萧皇后一夜之间成为太后。

年轻的萧太后深谋远虑。她首先意识到，自己与年少的皇帝孤儿寡母，契丹族各路亲王必定

知识链接

传奇故事《杨家将》

《杨家将》是根据北宋杨业、杨延昭、杨文广等抗辽将领精忠报国的事迹进行演义的传奇故事，体裁多样，有演义、话本、戏剧等多种形式，在民间广为流传。

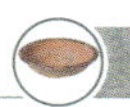

觊觎皇位。因而萧燕燕召集起可以信任的大臣们，声泪俱下地向他们讲明当前形势。萧燕燕说："景宗去世了，我成了寡妇，当今皇帝力量还不够强大，契丹族内部的各种势力恃强凌弱，辽边境也不太平，这可怎么办啊！"辽当时的汉族权臣韩德让，以及契丹族大臣耶律斜轸，见年轻的太后哭得梨花带雨，同情心被充分激发，责任感爆棚，于是他们带领辽朝重要的大臣们，赶紧安慰萧太后，并且发誓说："太后您就相信我们吧，一切都包在我们身上，完全不用担心！"

见大臣们对自己立下重誓，萧燕燕很欣慰，马上任命了耶律休哥、耶律斜轸等忠臣担任辽朝要职，加强了对边防和辽朝贵族阶层的管理。萧燕燕还颁布命令，解除了亲王们的兵权。不过萧燕燕非常善于笼络人心，她为那些支持自己的有功

之臣加官晋爵，利用辽景宗生前的号召力，将自己的画像绘制在辽景宗所葬的乾陵，以体现自己身上肩负着辽景宗的临终所托。

在宠臣韩德让协助下，萧燕燕推行了一系列行之有效的改革。她延续辽景宗的国家发展思路，提拔了大量有才干的人担任国家要职，同时以更大的力度重用汉人。特别是汉族大臣韩德让，萧燕燕把关系到自身安危的禁军交给他统领，让韩德让把当今皇帝当他的亲生儿子对待。韩德让甚至可以自由出入萧燕燕的宫帐。后来，韩德让的权力甚至比辽的契丹族亲王还要大，被萧燕燕封为晋王，这在以往的少数民族政权中，是绝对不可能的。

韩德让受到重用，也让更多辽朝的汉族官僚对仕途充满信心，在辽朝中央政权中发挥了至关重要的作用。辽朝通过科举考试选拔人才，这一中原的官吏选拔制度，此时在辽已经变得更加完善。有才能、有抱负的人，无论是汉族，还是契丹族，只要通过科举考试，就可以在辽朝谋得一官半职，同时还有机会升迁。萧燕燕改革后，辽朝汉族与契丹族之间的矛盾得到缓和，《辽史》中说，当时的辽法制严明，官吏们能够忠于职守，辽南京等地的监狱里，连犯人都没有。

萧太后大力抓生产，几乎年年都要为百姓减免赋税。她还非常注重接济贫苦人和受灾的农牧民。在萧太后摄政期间，辽朝的土地上遍布着大量农田，人民安居乐业。那时的汉人与契丹人处于平等地位，辽朝对所有臣民采用了统一的法律。此时的辽朝已经高度汉化，民族融合实现了前所未有的发展。

辽朝国内一派繁荣，在与北宋的关系上，十分明智地采取和战策略。起初，宋太宗想借机攻打辽朝收回燕云十六州。可没想到辽大败宋军，宋朝杨家将中战功赫赫的杨业，被辽军活捉。后来萧太后派兵攻打宋朝，一路打到今天河南濮阳以西的澶渊这个地方。宋朝首都开封受到直接威胁。可是考虑到辽军长途跋涉，士兵疲劳应战，加上大将萧挞凛不幸被箭射中身亡，此时不适合坚持作战，并且在韩德让等人的劝阻下，萧燕燕和宋朝达成了“澶渊之盟”。辽宋成了友好的盟友，双方约定

知识链接

《辽史》

《辽史》是历代官修正史“二十四史”之一，是由元朝丞相脱脱等人编撰的纪传体史书。

《辽史》共116卷，记述了从辽太祖耶律阿保机，到辽天祚帝耶律延禧的辽朝历史，同时还有耶律大石建立的西辽史。

多年休战，维持辽宋疆界和平，宋每年都要向辽纳贡。

辽宋议和，令辽朝最大限度避免了战争造成的灾难，百姓和士兵都得以休养生息，人民能够将更多精力放在农牧业生产上。这在极大程度上促进了辽朝的繁荣发展，使其进入发展的鼎盛时期。

公元 1009 年，萧太后将朝政交给已经羽翼丰满的辽圣宗处理。就在这一年，辽朝大名鼎鼎的萧太后因病去世，与辽景宗耶律贤合葬在乾陵。辽朝举国哀痛，萧太后的生平被历史铭记。

知识链接

耶律休哥

耶律休哥是辽朝名将，契丹族宗室。他为人稳重有谋略，在小时候就已经有公辅之器。

公元 979 年，宋军围攻幽州，他自请率军驰援，与其他契丹军队分进合击，大败宋军于高梁河。此后他屡次率兵击退宋军的进攻，战功卓著，被加封为宋国王。到了晚年，他主张休兵息民，和宋朝保持和平。

辽朝的鼎盛时期

在萧太后的辅佐下，辽圣宗耶律隆绪开创了辽朝最为辉煌的一段时期。辽朝真正意义上进入了历史上的鼎盛时期。

辽圣宗继承了萧太后的治国方略，在国内厉行法度，大力整治官场风气，为百姓减免赋税，赦免死刑犯，平反冤假错案。辽圣宗更加崇尚中原文化，不仅将科举制度运用在选拔人才方面，还令佛教在辽广为传播。在与宋以及其他少数民族的战争中，辽几乎每次都占上风。辽圣宗先是派兵抵抗宋朝的进攻，以耶律休哥为主力，不仅击败了宋军，还从中获得大量的兵器以及牛马，发了战争财。

随着耶律休哥屡次送上捷报，耶律隆绪和萧太

后专门祭天地以庆祝。对抵抗宋军的将领们论功行赏一番之后，辽军士气大增，辽圣宗开始琢磨起出兵南下进攻北宋的事情。从辽军进攻涿州告捷开始，耶律隆绪就已经不是在被动挨打了，而是继续挥师南下。辽军在攻打北宋的过程中胜多败少，直至辽朝大军驻扎在了宋的国境之内，这令北宋非常害怕。

这之后的几年，辽圣宗几乎是以压倒性的态势在与北宋交战。辽军多次进攻北宋诸如瀛洲、遂城等地，辽的骑兵异常英勇，不是将北宋当地守将活捉，就是全部杀光。直至辽军与宋军在澶渊相遇，达成了“澶渊之盟”，辽圣宗与北宋之间多年的战争才终于讲和。

自辽宋“澶渊之盟”后，辽圣宗又不断拉拢西夏，就这样，辽、宋、西夏在中华大地上日渐形成了三足鼎立的局面。

在这一时期，西夏依附于辽，辽圣宗帮助西夏攻打甘州回鹘。西夏的党项族与回鹘、吐蕃等少数民族一直都在争夺河西走廊地区的控制权。甘州回鹘凭借自己的力量，根本没办法与日渐强大的西夏抗衡，便联合当时控制着凉州的吐蕃族部落，一起对西夏出兵作战。虽然甘州回鹘与吐蕃表面上打赢了西夏，但是他们忘记了，西夏背后有更加强大的辽作为支持。

辽圣宗见西夏军队打不过甘州回鹘，就赶紧派出了他的部队，攻打甘州回鹘。先是辽军大将萧图玉任西北招讨使，带兵攻打肃州，回鹘占领的甘州受到威胁。接着，辽军派兵将甘州里三层外三层包

知识链接

李元昊

李元昊是西夏第一代皇帝，他雄才大略，熟读兵书，通晓法律和蕃汉文字。

在称帝后，李元昊设立文武官员，颁布秃发令，创造西夏文，并屡次在和宋朝的战争中获胜，使西夏逐渐强大起来，形成了宋、辽、夏三分天下的格局。

围了四个月的时间，回鹘奋力抵抗，甘州才没有被辽军攻陷。可没想到，辽军刚刚撤退，甘州回鹘还没来得及松口气，李元昊带着他的西夏军队就来了。甘州回鹘实在是没力量再做抵抗，只好选择逃跑，大部分回鹘人逃向了西边。

处于鼎盛时期的辽朝，四方来贺。回鹘、于阗、吐蕃、党项、阿萨兰、女真等各国使臣，都带着礼品，成群结队来向辽进贡、朝贺。女真受天灾，辽朝极其大度地出手相助，接济灾民。即便是最初在政治上倾向于宋的高丽，经过多次用兵与和谈，最终也归附了辽朝。

此时的辽朝军事实力雄厚，国库充盈，成为实力强盛且不容小觑的政权。

作为辽朝的第六位皇帝，辽景宗耶律贤的长子耶律隆绪登基后，与萧太后相依为命。起初这位年幼的小皇帝并不被大家看好，奈何他的母亲萧太后深谋远虑，遵照景宗遗志，临朝摄政。这为耶律隆绪的日趋成熟，争取了时间和机会。

相比于辽朝以往的皇帝，耶律隆绪受中原文化影响更深。他幼年时期便练得一手好书法，还非常善于作诗。辽圣宗一生创作了几百首诗，他的代表作《传国玺》更被视为是千古佳作。渐渐长大的辽圣宗，身体里流淌着契丹人的血液，再加上受到汉族文化的熏陶，他能文能武，对音律与绘画都非常精通。耶律隆绪还对中原的佛教以及道教非常推崇。可以说辽圣宗具有当明君的潜质，再加上母亲萧燕燕的悉心调教，韩德让等大臣的全力辅佐，同时辽圣宗处于辽朝最好的时代，经济、政治、军事等各方面都达到鼎盛，这便成就了他的一世英名。

▼ 辽中京遗址

公元 1009 年，耶律隆绪正式亲政，此时的辽圣宗已经不是当年那个看上去弱不禁风的小皇帝了。经过多年的锤炼，他有着成熟的政治远见和卓越的治国方略。值得一提的是，辽圣宗解放了大批奴隶，令契丹社会最终完成了封建化。

早期的契丹社会，事实上是奴隶社会。那时的契丹族四处征战，尤其是对中原的汉族聚居区，战争俘虏、掠夺而来的汉人，便

会沦为契丹人的奴隶。奴隶主往往掌握着奴隶的生杀大权。这些奴隶没有人身自由，没有土地，如同物品被奴隶主赠送给别人或者进行奴隶交易。这也致使契丹人在不少汉人的眼中形同恶魔。

辽圣宗时期权倾一时的名臣韩德让，其祖上就是耶律阿保机的皇后述律平的奴隶。只是随着契丹逐渐受到中原汉文化的影响，辽朝历代皇帝开始逐渐重用更多汉族官吏。辽朝仿照中原的科举制度，在辽开科取士选拔人才。辽景宗允许契丹族和汉族通婚，萧太后则从法律角度规定了汉人与契丹人处于同等地位。汉人越来越多地参与到辽朝政权中，这也从某种程度上推动了辽的封建化进程。

在辽景宗耶律贤统治时期，统治阶层确立了嫡长子继承制，即王位要传给正室妻子所生的第一个儿子。嫡长子继承制是中原皇室为了避免在皇帝驾崩后皇子之间为争夺皇权相互残杀，而推行的继承制度。辽朝采用了这一制度，就根本而言，标志着契丹社会从统治阶层开始逐渐封建化。

经过萧太后的临朝摄政，到了辽圣宗耶律隆绪统治时期，以往的奴隶制度已经不再适应鼎盛时期辽朝的发展。辽圣宗解放大批奴隶，有助于缓和社会矛盾。辽圣宗还专门从法律上保障了奴隶的生存权，规定奴隶主不能随意杀死奴隶。当时有位公主，就因为杀死了没有任何过错的奴隶，被降级成了县主，她的驸马也因为此事被降职。这在贵族阶层中起到了一定的警示作用。辽圣宗甚至给解放的奴隶们在辽朝上了户口，将其编为新的部众，统一管理，并且新的战争俘虏也不再沦为奴隶。

辽圣宗亲政期间，多次大赦天下。在东征西讨的过程中，北宋以及很多少数民族的叛乱都被平息。到了辽圣宗第二个儿子耶律重元出生时，辽朝国势已经实现了空前繁荣。许多汉族官员在辽中央担任要职，宋、夏、高丽等各国使臣纷纷来访，当时的年号是“太平”，因而历史上也将辽朝最为鼎盛的这段时期称为辽朝的“太平之治”。在这段空前繁荣的岁月里，辽朝发展得顺风顺水，对外战争几乎每次都出师告捷，包括后来的渤海之乱等，都被顺利平息。

公元 1031 年，耶律隆绪因病驾崩。从他当上皇

知识链接

嫡长子继承制

嫡长子继承制是根据中国古代一夫一妻多妾制下实行的继承制度，是古代封建宗法制的核心制度之一，指王位和财产必须让嫡长子继承，嫡长子就是嫡妻（即正妻）所生的长子。

该制度始于商朝末年，到西周时得到确定，基本原则就是“立嫡以长不以贤，立子以贵不以长”，对后世有深远影响。

帝，到亲政，再到驾崩，经历了49年，相比于辽朝以往的皇帝，耶律隆绪在皇帝宝座上坐了很长时间，对国家发展做出了杰出的贡献。

辽朝的空前繁荣，成就了耶律隆绪的盛名，但也恰恰是耶律隆绪的励精图治，在中国历史上书写出辽朝最为绚烂的一笔。

知识链接

萧耨斤诞育龙子

传说，萧耨斤原本相貌丑陋，皮肤很黑，两眼就像恶狼般凶狠。可是她的家族显赫，辽圣宗耶律隆绪仍然将她纳入后宫。但隆绪并不把她当作妃子，仅仅安排她到母亲萧绰帐中当宫女。

有一天，萧耨斤给萧太后打扫卫生时捡到一只金鸡，很是可爱。此时萧太后恰好走进来，萧耨斤来不及藏下金鸡，急中生智将其吞下。岂料那只金鸡是外形像鸡的神药。几天后，萧耨斤如换了一个人，皮肤变白，容光焕发。萧太后非常吃惊，说道："以后你肯定会生下贵子！"

之后，萧耨斤生下一个儿子，取名木不孤，后来改名耶律宗真。

破裂的母子情

辽圣宗耶律隆绪病逝后，按照嫡长子继承制，他的大儿子耶律宗真当上了皇帝。他是辽朝的第七位皇帝——辽兴宗。

耶律宗真本是辽圣宗的宫女萧耨斤所生，但由于当时的皇后萧菩萨哥膝下无子，耶律宗真幼年时期便离开生母，由皇后抚养长大。皇后萧菩萨哥心地善良，为人宽容，把耶律宗真当亲生儿子一样对待。在皇后的精心教养下，耶律宗真深受汉文化影响，对于中原的儒家学说非常精通，在音律、骑射、绘画等方面，也技艺超群。在他3岁的时候，耶律宗真就被圣宗封为梁王，6岁时则被正式册立为皇太子，成为辽朝名副其实的皇位继承人。

耶律隆绪驾崩后，耶律宗真顺理成章地登上了皇位，他的生母萧耨斤此时却要跳出来临朝摄政。虽然耶律隆绪临终时有遗诏，自己死后封皇后萧菩

萨哥为太后，封萧耨斤为法天皇太妃，但是利欲熏心的萧耨斤，却私自藏起了皇帝的遗诏，待耶律隆绪驾崩后，自立为皇太后，即法天太后。萧耨斤的父亲、兄弟也跟着受到封赏，其娘家人权势之大不亚于王公贵族。

圣宗在世时，萧耨斤就一直视皇后萧菩萨哥为眼中钉，想方设法陷害皇后。圣宗去世后，萧耨斤专权，其护卫曲意逢迎，编造不实言论，诬告萧菩萨哥的弟弟萧浞卜和萧匹敌谋反。此时已经是皇太后的萧菩萨哥因此受到牵连，兄弟被处死，自己被迫迁往辽上京。辽兴宗知道此事后，心里明白是亲生母亲萧耨斤从中作梗，想要反对。谁知已经大权在握的萧耨斤，将萧菩萨哥迁往上京后，趁着春天辽兴宗外出狩猎，派人逼迫萧菩萨哥自杀而死。萧菩萨哥的侍卫、亲近的大臣，也都受到牵连，有的被囚禁，有的被杀死。大臣萧朴因为替萧菩萨哥喊冤，竟然被萧耨斤从朝廷赶了出去。

萧耨斤虽然是自己的亲生母亲，但皇太后萧菩萨哥对自己有养育之恩。萧菩萨哥的死令辽兴宗悲痛欲绝。更加令人忍无可忍的是，萧耨斤权力欲望极强，她甚至企图废掉耶律宗真，改立自己最为喜欢的小儿子耶律重元为皇帝。萧耨斤密切监视并且控制辽兴宗，并与萧孝先合谋企图谋反。

谁知耶律重元将这件事告诉了自己的亲哥哥耶律宗真。辽兴宗耶律宗真马上部署兵马，趁着母子二人到行宫避暑，萧耨斤身边势单力薄，将这位专

▲ 辽·卧人带柄铜镜

知识链接

完颜阿骨打

完颜阿骨打是金朝开国皇帝。他性格沉稳，力大过人，并且善于骑射，长大后成为女真族的首领。

公元1114年，他起兵反辽，建立金朝，定都会宁府。在位期间，他把猛安谋克制度改为军事行政组织，颁行女真文字，推动了金朝的发展，开启了女真族的新历史，对灭亡辽朝具有奠基意义。

横跋扈且野心勃勃的皇太后扣押，软禁在了庆州，萧耨斤也因此被贬为普通人。来自太后萧耨斤的反对势力就这样被彻底铲除了，辽兴宗耶律宗真终于坐稳了自己的皇帝宝座。

相比于辽圣宗的鼎盛时期，辽兴宗在位期间，辽朝国力已经大不如前，开始走向衰落。法天太后萧耨斤，在朝堂上肆意妄为，其专权统治令辽朝上下一片混乱，辽圣宗时期制定的法律被扰乱，官吏中贪腐之风盛行。

辽兴宗即位后，在重熙年间，趁着北宋与西夏交战的机会，辽朝想要坐收渔利，于是派皇帝的弟弟耶律重元和辽朝大将萧惠向北宋用兵，虚张声势。表面上辽是要南下征讨北宋，实际上是想增加北宋向辽的纳贡。辽派出使臣与宋谈判，最终在澶渊之盟规定的基础上，达成约定，北宋每年需要向辽提供更多的岁币和贡品，岁币银增加了十万两，绢也增加了十万匹，并且这些名义上不再是北

宋赠送给辽的，而是缴纳给辽的。耶律宗真因此从北宋获得了不少财富。这便是历史上著名的“重熙增币”。

由于接受了北宋的纳贡，辽兴宗答应牵制西夏。可此时的辽朝，军事和经济实力已经衰落。辽兴宗错误地估计了眼前的形势，大国思维令他好大喜功，谁知两次派兵攻打西夏却都大败而还。

再说辽兴宗的生母法天皇太后。尊崇佛教的辽兴宗，有次听到佛家的经文后，感触颇深，于是将萧耨斤接回宫中。此时的萧耨斤已经有70多岁了，却依旧没有半点悔恨之情。相反，她与辽兴宗之间始终不和，即便是两人同处一室，或者是一同出行，也要相互提防着，彼此隔着很远的距离。后来辽兴宗患病去世，亲生母亲萧耨斤竟一点都不悲伤，还非常冷漠地劝自己的儿媳妇没有必要为兴宗流眼泪。

知识链接

《澶渊之盟》

《澶渊之盟》的主要内容共四条：

1. 辽、宋两国约为兄弟之国。

2. 辽、宋两国以白沟河为国界各自撤兵。

3. 宋朝每年向辽国提供岁币银十万两，绢二十万匹。

4. 辽、宋两国在边境设置榷场，开展互市贸易。

之后，辽、宋两国维持了百余年和平。

道宗衰与天祚亡

辽兴宗耶律宗真十分感激弟弟耶律重元，幸亏弟弟当年向自己通风报信才没有被母亲萧耨斤变成废帝。因而有次兄弟俩喝酒，耶律宗真便许诺将来要把皇位传给弟弟。可是耶律宗真临终前，还是把皇位传给了自己的儿子耶律洪基，也就是辽道宗。这令耶律重元大失所望，产生了谋反的念头。

后来辽道宗派耶律乙辛等人镇压了叔父的这次谋反。

不过，奸佞之臣耶律乙辛也对皇位野心勃勃。耶律乙辛这个人，比耶律重元更有心计。他先是诬告辽道宗的皇后，辽道宗根本没有调查清楚，就相信了耶律乙辛的话，逼迫皇后自杀，同时还杀死了与这件事有关的赵惟一等人，造成了历史上有名的冤案——“十香词”案。

诬告完皇后，耶律乙辛又开始拿太子开刀，诬告太子想要谋反，自己当皇帝。太子试图向辽道宗解释，可没想到辽道宗宁可相信耶律乙辛，也不信任自己的亲生儿子。最终太子被囚禁后，耶律乙辛派人将他杀死，并且还向辽道宗撒谎说太子是病死的。就连太子的妻子也没能幸免，耶律乙辛怕她向辽道宗告状，也将太子的妻子杀死了。

昏庸的辽道宗对耶律乙辛太过信任，就这样令皇后和太子夫妇白白送命。辽道宗的皇孙耶律延禧（太子的儿子），也就是辽朝最后一任皇帝天祚帝，在其父母被杀后成为孤儿，多亏李姓妇人对辽道宗唱了“挟谷歌”后，才被接入宫中。后来耶律乙辛想借着皇帝外出游猎的机会杀死耶律延禧，被辽道宗身边的忠臣察觉，于是道宗带着耶律延禧一起出游，保住了他皇孙的性命。渐渐地，耶律乙辛的阴谋终于败露，此时辽道宗才决定将其势力彻底铲除，然而这却是以耶律延禧的祖母和父母被害为代价的。

像自己的父亲辽兴宗一样，辽道宗耶律洪基崇尚汉文化，精通唐诗，并且对于佛教无限崇拜。他在辽大力宣扬佛教，印佛经，建佛塔，但却因此令百姓生活苦不堪言。此时的辽朝，国力大不如前，正在一点点走向衰落。然而辽道宗却依旧被辽朝曾经的辉煌冲昏了头脑，终日沉迷于酒色，完全没有发觉长期臣服于辽的女真族已经在慢慢兴起，以至于后来将辽推向灭亡。

辽道宗在位 46 年后病故。随后他的孙子天祚帝耶律延禧登上皇位。辽道宗耶律洪基临终时告诫耶律延禧，要与宋坚持修好，军事上尽量不要多生事端。谁知耶律延禧比自己的爷爷耶律洪基更加昏庸，整日不理朝政，只知道享乐。辽朝官场贪污腐败严重，军纪混乱。耶律延禧却游猎无度，并且重用了诸如萧奉先等奸臣，最终导致辽朝上下各种叛乱、起义无数。

知识链接

耶律重元谋反

耶律重元是辽圣宗的次子、辽兴宗的弟弟。辽兴宗违背曾经说过的话，将皇位传给了自己的儿子，使耶律重元心生忌恨，于是暗中策划谋反。

公元 1063 年，他与儿子耶律涅鲁古等人起兵谋反，但后来他的党羽纷纷溃逃，还有的归顺了辽道宗。耶律重元知道自己已经失败，于是出走大漠并自杀身亡。

在与女真族交战的过程中，萧奉先谎报军情，令天祚帝最初根本没有把带兵起义的完颜阿骨打放在眼里。可没想到完颜阿骨打一路所向披靡，竟然称帝建立了金朝。此时幡然醒悟的天祚帝，虽然带兵亲征，但也无法挽回辽朝气数已尽的败局。女真与辽的多次对决，女真几乎次次获胜，再加上辽朝国内也出现了叛乱，甚至有人想废黜耶律延禧，另立他的儿子耶律敖鲁斡为帝。天祚帝内外交困，听信萧奉先的谗言，将儿子杀死，大失民心。辽朝有的大臣逃跑投靠了宋，有的将领则归顺了金。天祚帝一路逃亡，辽地多处失守，辽上京、云中、夹山、南京、西京等都被金攻破。天祚帝的皇权尽失，

御驾亲征确实能鼓舞士气，但如果国家已经到了亡国的境地，已经如大厦之将倾，御驾亲征也无济于事

自己的家人不是被金抓住就是被杀死了。真是家破人亡！

虽然耶律大石等人苦苦相劝，可是耶律延禧依旧不甘心，准备率兵继续与金对抗。此时的天祚帝，身边只剩下一些残兵败将，又怎么是金兵的对手。天祚帝就继续被金追着打，最终被抓住。曾经盛极一时的辽朝，最终在天祚帝手中，被金人灭亡了。

知识链接

辽上京

辽朝的都城，位于内蒙古自治区巴林左旗林东镇东南。

公元 918 年，辽太祖耶律阿保机开始兴筑上京，最初的名字叫皇都，随后又进行扩建并改称上京，是辽圣宗迁都中京大定府（今内蒙古赤峰市宁城县）之前的统治中心，为辽代五京之首。

大势已去

辽天祚帝被金人一路追打不知去向，辽太祖的第八世孙耶律大石，联合大臣李处温等人，决定拥立新帝。此时辽兴宗的孙子耶律淳便成了候选人，被契丹贵族们拥戴着建立了北辽。论辈分，耶律淳是辽道宗耶律洪基的侄子，天祚帝耶律延禧要称呼耶律淳一声堂叔。

耶律淳早年因友人惹恼道宗受到牵连，在辽道宗统治时期曾被降职。不过天祚帝登基后，耶律淳多次被封赏，受到辽天祚帝的恩宠，权力之大位居契丹贵族之首。早在天祚帝率兵亲征女真时，就有契丹贵族想要废黜他，推举耶律淳为新帝。谁知参与这件事的人竟然被耶律淳抓住，并且向天祚帝告密，密谋以失败告终。倒是耶律淳因为对天祚帝忠心耿耿，再次受到了封赏。

耶律大石
耶律延禧

在辽与金的对战中，汉族将领督战不利，大家便推举在契丹贵族中威望很高的耶律淳亲自带兵伐金。后来金军大兵压境，攻陷辽上京。辽大部分国土被金占领，加上天祚帝失去民心，被完颜阿骨打一路追打，最后仅剩下几百人随行。曾经高高在上的大辽皇帝，此时变得非常狼狈，只好为了保全性命，东躲西藏，仓皇逃跑。

忙于逃命的天祚帝不知去了哪里，契丹贵族们又不想放弃这曾经辉煌一时的辽政权，便左思右想，再三斟酌，最终决定扶持有着契丹族皇室血统且威望很高的耶律淳当皇帝。契丹贵族们带领着剩下的官员、士兵、父老乡亲，甚至还有僧侣和道士，一起到耶律淳面前请求他登基称帝。耶律淳一再推脱，后来经不住大家的劝说，就这样在今天的北京当上了北辽皇帝。

▲ 辽 · 万部华严经塔

就称帝建立北辽这件事，耶律淳总觉得愧对天祚帝。从内心深处来讲，耶律淳一直都对天祚帝很忠诚。当年辽道宗将原本是皇位继承人的耶律淳贬为节度使，后来是登基后的天祚帝将耶律淳重新晋封为王。耶律淳在天祚帝统治时期享受了不少殊荣，天祚帝当年对他又是封赏，又是重用。天祚帝逃亡后，实在打探不到他的去向，耶律淳要不是为了保全契丹族人，是无论如何也不会登基称帝的。

不过在皇帝的位置上坐了一段时间之后，耶律淳的这种愧疚，渐渐转变成害怕。后来他听说天祚帝带领着兵马要来镇压他，害怕得几乎睡不着觉。

耶律淳紧张兮兮地试图想出应对策略，可是没想到天祚帝还没有与耶律淳见面，就在途中被金军打败了。耶律淳后来因病去世，临终前还是觉得对天祚帝有愧，于是立下遗嘱，要把皇位传给天祚帝的第五个儿子耶律定，算是对天祚帝的补偿。可是耶律定此时人并不在北辽，他在遥远的天祚帝身边。耶律淳便只好让自己的妃子萧普贤女主持朝政，将其封为太后，大臣李处温辅佐。

耶律淳死后，萧普贤女发现李处温是宋与金的双重间谍。他一方面私通宋朝，一方面还向金通风报信。这样为了自己的利益出卖国家利益的人，绝不能留！萧普贤女当机立断，马上处死李处温。为了获得一线生机，萧普贤女接着开始向金示好，表示只要金承认北辽政权，他们就归顺金国。可没想到金态度依旧极其强

硬，根本无视北辽的存在，甚至出兵镇压。萧普贤女派兵死守居庸关，可还是被金攻下。

在走投无路的情况下，萧普贤女又带人去向天祚帝示好。如果当时天祚帝可以不计前嫌，与北辽政权联合，恐怕还能够有一线生机。可天祚帝实在昏庸，根本没有全局思维以及帝王胸怀，他对耶律淳北辽称帝耿耿于怀。

最终天祚帝愤怒地大手一挥，萧普贤女被他杀死，已经去世的耶律淳也被追废为普通人，天祚帝竟然还将他从族谱中除去姓名。天祚帝大敌当前，还不忘内斗，他将北辽，这根自己最后的救命稻草，也亲手掐断了。

辽灭亡后，契丹族和原先效力于辽的汉族官吏也四散而逃。北方的蒙古族兴起以后，金为了防止契丹人投奔蒙古，在编户时动足了脑筋。契丹人不能互为邻里，契丹人的左右邻居，必须是女真人。这种女真人夹居契丹人的方式，引起契丹人的不满。

身为辽朝宗室的耶律留哥，利用契丹人的不满情绪，发动反抗金朝的起义。耶律留哥在蒙古大军的帮助下，打败金军，却没有称帝。

耶律留哥见当时的蒙古日渐强盛，便带兵主动归附蒙古，这令蒙古帝国可汗成吉思汗非常高兴。耶律留哥被封为辽王，还得到了成吉思汗赐予的金虎符，象征其尊贵的身份与地位。耶律留哥就这样成功建立了东辽。

可没想到成为蒙古藩属的东辽，后来竟然赶上

知识链接

成吉思汗

孛儿只斤·铁木真，蒙古帝国的创建者，尊号为“成吉思汗”。

1206年，成吉思汗统一蒙古各部族，建立大蒙古国。此后他先后发起几次大规模西征，攻灭了西夏和金国，征服了中亚和东欧的广大地区，是我国著名的军事家和政治家。

了元世祖忽必烈撤藩。当时的东辽国王耶律古乃从此失去了爵位，东辽在历史上彻底灭亡。

耶律大石建西辽

耶律大石是辽朝末年一个很重要的人物。他拥立耶律淳为北辽皇帝后，自己也成了北辽的军事统帅。在北宋想要收复燕云十六州的战争中，耶律大石出力不少，打败多次前来攻打的宋军，令辽朝士兵士气大振，终于找回了点当年在战场上威风凛凛的感觉。

不过比起北宋，金却日渐强盛，金兵可没有那么好对付。耶律大石有一次就被金兵俘虏，被迫带路去偷袭天祚帝。聪明的耶律大石幸运地逃脱了，但是却错误地打算归附天祚帝。

《中国通史》中记载，天祚帝见到耶律大石后，对他自作主张拥立耶律淳的事情耿耿于怀，天祚帝质问耶律大石："我这个皇帝还活着，你怎么可以去立耶律淳为新皇帝？"在天祚帝看来，耶律大石这明显就是对自己的背叛。

耶律大石回答道："您确实是皇帝，您拥有辽最强大的兵力，可您的兵力并没有抵挡敌人，而是跟着您远远地逃跑了。国家和人民被抛下，辽的百姓苦不堪言。我们实在是没有办法，就算是我把十个耶律淳放在皇帝的位置上，他也姓耶律，也是辽

知识链接

耶律留哥

耶律留哥是契丹人，因不满金朝对契丹人百般防范的民族政策，带兵叛金。耶律留哥与蒙古密切配合，打败了金的镇压军队。

耶律留哥建立了国号为辽的地方政权，自己称王。金朝又派蒲鲜万奴带领四十万军队前来镇压，耶律留哥打败蒲鲜万奴，攻陷金东京。

1215 年，蒙古成吉思汗赐给耶律留哥金虎符，耶律留哥仍以辽王为号。后来，耶律留哥政权内以耶律厮不为代表的郡王发起叛乱，耶律留哥在蒙古支持下，收复了辽东地区。

太祖耶律阿保机的后代，这好过我们低三下四地向女真人乞求活命。”

耶律大石向天祚帝讲明当时紧迫的政治形势，以及为了保全契丹族人的性命，稳定全局，令天祚帝哑口无言。

不过恋战的天祚帝不同意耶律大石此时令士兵休养生息寻找时机再战的主张，他不管不顾地打算出兵与金展开对决。耶律大石见天祚帝实在是昏庸，过多规劝也根本是无济于事。于是趁着天祚帝与金对战的机会，耶律大石带领部下逃出了战场。

求人不如求己。耶律大石最终凭借自己的力量，在西北地区招兵买马，收留了许多契丹族、汉族和其他少数民族的残余势力。不久，他便掌握了蒙古高原地区以及我国新疆东部地区的控制权。

可是面对实力雄厚的金兵，耶律大石还是力量有限，因而后来不得不忍痛放弃了蒙古高原，率领部下向西挺进，来到了新疆额敏地区，在这里登基称帝，建立了西辽。

耶律大石身上完全具备卓越的领导才能。他是辽朝历史上唯一有记载的考取进士的契丹族人，对于汉文字和契丹文字都非常精通。耶律大石的骑射技术也绝佳，智谋出众。

耶律大石建立西辽的时候，获得了像西州回鹘这样的少数民族政权的帮助。耶律大石建立西辽的同一年，东喀喇汗王国的大可汗因无法控制国内的混乱局势，便向耶律大石寻求支援。就这样，耶律

大石没有大动干戈地占领了今天的吉尔吉斯斯坦托克玛克东南的布拉纳城，将那里定为西辽首都虎思斡耳朵。

西辽向东无力与金对抗，但是可以向西不断扩充军力。此时，伊斯兰世界已经注意到了耶律大石西辽政权的崛起，同时，东喀喇汗国归附西辽，西辽

政权变得日益强大，这令在伊斯兰世界影响力很大的塞尔柱帝国极其恼怒。加上耶律大石准备进一步将西喀喇汗国收至版图之中，西喀喇汗国的国主马上向他依附的塞尔柱帝国寻求援助。

塞尔柱帝国原本没有把耶律大石放在眼里，甚至威胁他，要把西辽全部消灭。塞尔柱帝国使者还吹牛说，他们厉害得甚至能用一支箭射断头发。久经沙场的耶律大石可没有被塞尔柱帝国吓怕，他干脆给了塞尔柱帝国使者一根针，让他给自己表演一下如何用针刺中自己的胡须。使者根本做不到。

耶律大石当众戳破了塞尔柱帝国吹起来的牛皮，指出："你仅仅是用一根针去刺胡须都做不到，你们的军队又怎么可能用箭把头发射断？"塞尔柱帝国使者哑口无言。

就这样，耶律大石集结自己的部队，准备和塞尔柱帝国集结的西域军队大干一场。耶律大石带领西辽军队来到今天乌兹别克斯坦撒马尔罕的北边，在这里的卡特万草原上，与塞尔柱帝国带领的中亚联军对抗。耶律大石虽然兵力远不及中亚联军，但竟然创造了以少胜多的奇迹，这主要归功于耶律大石在战场上的足智多谋。

别看中亚联军人多，但由于集合了多支武装力量，部队与部队之间的协同作战能力其实很薄弱。耶律大石仔细分析了战场地形和中亚联军的队列阵型，决定有针对性地展开作战。

耶律大石将自己的军队兵分左、中、右三路。耶律大石亲自率领中路军，与他的左翼军配合，故

知识链接

喀喇汗王朝

公元9世纪，远迁到中亚地区的回鹘建立了喀喇汗王朝，朝贡于宋朝。

1041年，汗国正式分裂为东西两部。后来，东喀喇汗国归附于西辽，1211年灭亡于汗国内部的贵族暴动中；西喀喇汗国沦为塞尔柱帝国的附庸，后又归附西辽，1212年被新兴的花剌子模王朝所灭。

意给中亚联军露出缺口。敌方以为西辽军露出破绽，准备大举进攻的时候，没想到耶律大石竟然指挥西辽军队从中路洞开，从而令中亚联军三面受敌。

耶律大石进一步诱敌深入，利用卡特万草原上的达尔加姆峡谷，最终大败中亚联军。

耶律大石率领西辽军队赢得的这场战争，在历史上非常有名，被称为“卡特万之战”。卡特万之战获胜后，西辽在中亚地区确立了霸主地位，伊斯兰世界对契丹人刮目相看。与此同时，契丹族的辽文化逐渐开始传入西方世界，这也在一定程度上令伊斯兰世界的经济和文化变得更加充满生机。

西辽在耶律大石的励精图治下强盛一时。耶律大石的治国方略很受百姓欢迎，他也因此深受臣民爱戴，直至因病去世。

耶律大石去世很多年以后，西域人谈起他依旧非常怀念。有史学家甚至认为，耶律大石在辽史上的地位应当与辽太祖耶律阿保机等同，因为他令耶律氏政权得以延续。

耶律大石去世后，西辽又先后经历了 5 位统治者。后来成吉思汗带领的蒙古大军压境，西辽被蒙古所灭。可是一些西辽贵族还是不甘心，又在今天的伊朗地区建立了后西辽。不过蒙古大军力量雄厚，后西辽也最终在蒙古大军的铁蹄下走向灭亡。

知识链接

西辽的外交

西辽与金国相距甚远，双方隔着戈壁，因此金朝无法消灭西辽，于是金朝改变了武力征讨的策略，密切关注西辽、西夏两国的关系，避免两国对金朝造成威胁。

闯关小测试

1. 辽朝的开国皇帝是（ ）

A．耶律释鲁　B．耶律阿保机　C．耶律德光

2. 辽朝鼎盛时期的皇帝是（ ）

A．辽景宗耶律贤　B．辽圣宗耶律隆绪　C．辽兴宗耶律宗真

3. 西辽的第一个皇帝是（ ）

A．耶律洪基　B．耶律延禧　C．耶律大石

4. 西辽是被哪个国家所灭？（ ）

A．金　B．蒙古　C．宋

参考答案：1. B　2. B　3. C　4. B

神秘的西夏

西夏地处我国西北神秘的沙漠腹地。母亲河黄河从源头缓缓流过，漫漫风沙激荡起了党项族无尽的热情与浪漫。玉门关与萧关在西夏边界挺立，阻隔不住的却是西夏人对中原文化的万分崇拜与争相效仿。

在众多少数民族政权中，西夏的汉化程度之深令人惊叹。历史上很少有哪个少数民族政权像西夏这样，从内到外，从上到下，无不对中原文化加以吸收再创造。

我们从历代西夏国王的画像中便可见一斑，俨然一副中原君主衣冠楚楚的模样。

这也令西夏文明让许多人为之神往。

党项羌族

党项族发源于今天青海省黄河附近游牧的西羌族。早期的党项族与吐蕃族杂居在一起，大约在汉朝时，党项族向河陇和关中地区迁徙，沿着水

▲ 西夏黑水城遗址

草居住，打猎放牧，后来不断发展，形成了八个部落，每个部落都将自己的姓氏当作部落名。在党项族的八个部落中，姓拓跋的部落实力最为雄厚。

西夏国的开国皇帝李元昊（hào），对党项族的起源还有一种说法，那就是党项族起源于古老的鲜卑族。李元昊称自己是北魏鲜卑拓跋皇室的后人。不过从史料进行考证，李元昊很可能在刻意夸大自己的地位和身份，党项族起源于西羌族的说法更为可靠。

到了隋代，越来越多的党项族人开始倾向于归附中原。隋文帝时期，数千位党项族人归附了隋。随后，部族首领拓跋宁从带领着自己领导下的党项族人，大批归隋。不过党项族人生性勇猛，推崇武艺，后来有一次竟然带兵攻打隋朝，被隋军打败。党项族首领意识到，隋统治下的中原实力雄厚，党项族根本不是隋军的对手，于是带着族人又跑到隋朝皇帝面前承认错误，并且向隋献出贡品。

唐朝时期，党项族更是通过向中原地区迁徙，实现了与汉族、室韦、吐谷浑等的民族融合。在这一时期，党项族以畜牧业为主的经济生产，获得了一定程度的发展。“党项马”是当时的名马，经常作为贡品献给皇帝。

唐朝末年，起义不断。党项族为表示自己臣服于唐朝的决心，便义无反顾地帮助唐朝，出兵镇压。比如黄巢起义，党项族的拓跋思恭给自己封了个刺史，不久后就带着他的党项族兵马支援唐朝军队。为了帮助唐朝镇压起义，拓跋思恭的弟弟还在战斗

知识链接

甘肃张掖大佛寺

据说西夏永安年间，国师嵬咩在这里发现了一尊卧佛，因此修建了大佛寺。大佛寺位于甘肃省张掖市西南，寺内的佛身长达34.5米的释迦牟尼涅槃像，是我国目前最大的室内卧佛。

中丧命。可以说，党项族对于唐朝的支援，是拼尽全力的。

起义被平息后，唐朝当时的皇帝唐僖宗对拓跋思恭给予了重重封赏，后来还将他封为夏国公，赐给党项族拓跋氏李姓，爵位被子孙后代所世袭。拓跋思恭当上了夏州节度使，他的党项族军队则被称为定难军。拓跋思恭就是后来大夏国国主李元昊的祖上。

在拓跋思恭这位夏国公的属地上，党项族拓跋氏从此拥有了可以自己管辖的领地。这片领地的中心是夏州，但还包括绥州、宥州、银州，土地面积十分辽阔。夏国公在领地内拥有兵权，并且这支部队以当地党项族为主，核心凝聚力极强，经过逐步发展，形成了实力雄厚的割据力量。

我国隋唐时期，比起中原先进的农耕经济，党项族生产生活都相对落后，有时还会受到其他少数民族的欺压。曾经与党项族杂居的吐蕃族，到了我国唐代，也开始日渐强大。吐蕃族人多次侵扰党项族人，一部分党项族人向中原迁徙，另

唐朝的宫殿非常奢华，党项族使者对唐朝皇帝非常恭敬

一部分留下来的党项族人则被吐蕃族奴役，过着悲苦的生活。

到了宋代，党项族虽然依附于中原朝廷，但是由于长时间的民族融合，并且受到中原汉文化熏陶，党项族在经济和军事上已经拥有了一定的实力。虽然宋朝的中央政权也在尽全力想要控制党项族，但是此时非彼时，党项族人真正想要的是不再依附任何政权，完完全全地实现独立。终于，党项族中实力最为雄厚的拓跋李氏再也坐不住了。在才能出众的领导者李元昊的带领下，党项族脱离了宋朝的控制，建立了独立自主的西夏国。

游牧民族逐水草而居，当一块地方的水草不再丰盛时，他们就会举家搬迁。他们的生活必需品并不多，帐篷、衣服等完全可以用牛车或马车拉运

建立大夏国

拓跋思恭因帮助唐王朝平叛黄巢起义有功，被皇帝封赏占据了夏州等地。这之后，党项族大多时候归附于中原政权。直到北宋时期，李元昊的爷爷李继迁，不想眼睁睁看着族兄李继捧放弃党项族世代拥有的领地，将夏州、银州、绥州、宥州、静州拱手献给北宋，于是李继迁决定自己带兵与中原的北宋对着干。

李继迁先是和自己的弟弟李继冲等，联合党项族中实力雄厚的军事力量，起兵叛宋。不过李继迁心里非常明白，北宋在当时的军事力量还是非常强大的，李继迁单凭自己组建的这只党项族反叛势力，很难与北宋长期抗衡。这时，李继迁想到了北宋的劲敌——辽，于是他决定采取向辽示好的策略，从而获得辽的军事支持，试图以这种方式抵抗宋朝。

就这样，李继迁让自己的亲信张浦求见辽的皇帝。辽当时的皇帝是辽圣宗，他见张浦不仅很诚恳地表示李继迁建立的党项族军队愿意归附辽，同时张浦还带来了不少钱财，实在是诚意满满。他又考虑到党项族所在的河西地区，战略位置非常重要，如果辽支持李继迁，夺回李继捧献给北宋的土地，对于北宋来说无疑是一种有力的打击。于是，面对李继迁的求助，辽圣宗给予了热情的回应。辽圣宗授予李继迁官职和军权，还将一位公主嫁给他。

在辽的支持下，李继迁大举率兵抵抗北宋，北宋则让李继捧回到夏州，与李继迁抗衡。开始时李继迁在战场上并不占优势。后来辽将李继迁封为夏国王，大大鼓舞了作战部队的士气。有了辽的支持，李继迁越战越勇，他不仅将李继捧献给北宋的土地重新收回，还将灵州这一西北地区关键的战略要地一并拿下。

不过李继迁带兵收复失地过程中，有一次归附了北宋，获得了银州观察使的封号，后来又有一次当上了北宋的夏州刺史和定难军节度使。可是李继迁深知，北宋给予他的都未必能够长久，因而李继迁在辽的支持下继续出兵北宋，直到将李继捧献出的五州全部收回。

李继迁收回五州后，便开始将作战矛头指向吐蕃和回鹘。尤其是吐蕃，得到了宋朝的支持，令李继迁在战场上经常处于劣势。有一次李继迁在战场上受伤后，便一病不起，直至去世。李继迁的位置便由他的儿子李德明来接替。李德明正是李元昊的父亲。

李德明在中国历史上被称为西夏王朝的奠基人。因为他不仅很好地保存并发展了父亲李继迁打下来的基业，还东征西讨，令党项族的割据势力变强大。李德明对辽和宋采用的是双管齐下的附和策略。党项族人既臣服于辽，又臣服于宋，李德明被辽、宋均封为西平王，宋还给了他银两、布匹等各种物质

知识链接

河西走廊

河西走廊地区主要是指甘肃西北部的狭长平原地带。这里因河水冲刷堆积而成，土壤肥沃。周围又有祁连山等山脉围绕，地理位置绝佳。河西走廊是连接中原与西域地区的要道，自古就是兵家必争之地。

西夏从李继迁开始，便逐渐占据了兰州以及富饶的河西走廊地区，这为西夏的崛起提供了必要的物质条件。

驿道

为了便于通商，西夏国内修筑了很多驿道。从西夏国都兴庆府要去往辽国，有十二处驿道。在西夏范围内，从南到北贯通有十处驿道，从东到西有二十五处驿道。

奖励。李德明令党项族人获得了在战争间隙休养生息的机会，积极发展自身的农牧业，加强对外贸易。

对于实力大大不如辽、宋的吐蕃和回鹘，李德明采取了积极攻打的策略。李德明带兵打败了吐蕃后，将位于今甘肃武威的地区占据。后来李德明派他极富军事才干的儿子李元昊，带兵攻打回鹘。李元昊在完成这次任务中表现出色，灭掉了今天甘肃张掖北的回鹘，其后将甘肃安西以东和甘肃敦煌以东占据。李元昊协助自己的父亲，令党项族控制了整个河西走廊地区。在李德明与李元昊父子攻打吐蕃和回鹘期间，辽国给予了李德明大夏国王的封号。

李德明在统治区域内，不仅建立了宫殿、馆驿等硬件设施，还制定了一系列管理制度。可以说，党项族在李德明的带领下，已经为建立自己的国家做好了准备。李德明去世后，他的儿子李元昊继位。李元昊身材魁梧，双目如鹰，周身散

发着王者气质。李元昊信奉佛教，对汉语和藏语都很精通。他读书万卷，武艺精湛，可以说是智勇双全。

年少时的李元昊并不赞同父亲对北宋的和战策略。他觉得党项族人不应再委曲求全。不过李元昊不知道的是，想要成就一件载入史册的大事，必须做周详准备。他的父亲李德明采用休养生息的治国方略，恰恰就是在为西夏建国做着准备。从某种意义上讲，李元昊极其幸运，因为有了父辈的奠基，建国之路走得相对顺利一些。

因而，立足于父辈创建的国家基业，李元昊继位后开始名正言顺地着手建国。先是根据党项族传统，李元昊带头秃顶发。党项族不能再像汉人一样蓄发，三天之内如果有人不留党项族的传统秃顶发，就会被杀头。

西夏军队的骑兵十分优良，因为西夏士兵从小就与马为伴，熟悉马的性情，很擅长马上作战

接着李元昊废除了唐朝赐予党项族的李姓，以及宋朝赐予党项族的赵姓，将自己的姓氏由李姓改为嵬名，这也是党项族的传统姓氏。李元昊改名为嵬名曩霄（wéi míng nǎng xiāo）。嵬名氏成为西夏皇族的姓氏，一直以来受封的西平王称号也被废除。

不久之后，李元昊将当时使用的宋年号也给改了，西夏开始用自己的年号纪年。接着，李元昊进一步扩建西夏王宫，还根据汉字创造了党项族自己的西夏文字。军事上，李元昊继续攻打吐蕃和回鹘，占据了大片土地。党项族统治区域被扩大，最北达到北方大漠地区，南面直抵萧关，东边到达了黄河，西边则达到了玉门关，整个河西走廊都在其统治区域内。

终于在所有准备就绪的情况下，李元昊于1038年，以帝王的仪仗正式登基称帝，建立了西夏王国。当时的国号是大夏，由于地处西界，所以人们将其称为西夏。西夏都城在今天的宁夏银川，古时候称为兴庆。李元昊成为历史上的夏景宗。

知识链接

金明寨之战

金明寨之战是北宋与西夏之间的一场战役。公元1096年，西夏国主李乾顺与梁太后率军50万攻打北宋。进军到金明寨（今陕西安塞南），西夏军队在寨外列营，梁太后纵骑四处掠夺。宋军屡次出击，但没有一点作用。最后，金明寨被西夏军队攻破，两千多名守兵全部被歼。

西夏三战北宋

李元昊建立的西夏国分为汉族官员和少数民族官员两个管理体系，百官根据不同等级要穿不同的朝服，平民百姓和官僚贵族的穿着打扮也要有所区分。西夏国的官员像北宋一样，在朝堂上要按等级依次站立，对皇帝行叩拜大礼。李元昊还对党项族军队进行了整编，通过设立“擒生军”和监军司，对党项贵族进行约束。西夏国充分利用银川平原富饶的土地资源，大力发展农业和畜牧业，疏通沟渠，兴修水利，并且专门设置了农田司和群牧司加以管理。

如此精心治国，可偏偏当时的北宋对西夏王国以及李元昊这个皇帝坚决不承认。早就对宋朝忍无可忍的李元昊，终于改变了和战策略，大举进攻北宋。于是

便有了历史上非常著名的西夏与北宋之间大规模的战役，分别是三川口之战、好水川之战、定川寨之战。

1040 年，李元昊带领党项族军队进攻军事要地延州。李元昊首先派士兵诈降，作为延州屏障的金明寨守将李士彬信以为真，使得李元昊士兵里应外合，李士彬就这样败给了西夏军队，延州变得岌岌可危。

李元昊带着大军兵临城下，防守松懈的延州城当时也就几百个士兵。后来经过多方集结兵马，宋朝派出的援军才到达，但人数上也远不及李元昊的西夏军团。李元昊待宋军抵达三川口的时候，以包围之势发起突然袭击。宋与西夏两军对峙，宋朝名将刘平带领士兵与西夏军队展开英勇混战。只可惜宋军将领好大喜功，刚在战场上取得了一些优势便向刘平邀功。还有人贪生怕死，见西夏军队来势凶猛，竟然立刻带着队伍逃跑。宋和西夏打了三天，宋军被西夏打得近乎溃败，可是刘平依旧带领残余兵力坚持抵抗。最后，李元昊将刘平活捉，刘平视死不降，被李元昊带回西夏后，客死异乡。

西夏与宋的第一次对战三川口，以宋军失败告终。不过李元昊由于接到西夏国受敌军入侵的战报，加上天气寒冷，西夏军队御寒衣物缺失，最终决定撤兵。延州城在三川口之战中算是保住了。三川口之战后，宋朝加强了对陕西、甘肃、宁夏边境地区的管理。李元昊则在战斗中对宋军有了更多了解，这也让西夏军队信心十足，为进一步军事扩张做好了准备。

西夏与宋的第二次对战叫做好水川之战，发生在1041年。这场战争与三川口之战时间间隔很短。李元昊依旧带着大军，趁北宋皇帝和大臣们正在朝堂上商议战还是不战时，与宋军打起了埋伏战。李元昊将自己的骑兵主力埋伏在了好水川,另一部分士兵则肩负着诱敌深入的任务,攻打今天宁夏西吉县的东部地区。宋军不知其中有诈，以为西夏军队被打得节节退败，便决定乘胜追击，谁知宋军就这样很不幸地进入了李元昊早就设好的埋伏圈内。

李元昊充分利用好水川的地形优势，同时在道路两旁巧妙放置了很多装有鸽子的盒子。宋军打开盒子，这些鸽子突然从盒子里飞出来，每只鸽子身上都带着哨子。一时间，四周鸽哨声大作，这恰恰是西夏军队的作战信号，用以定位宋军的位置。西夏军队闻讯从高处四面八方向宋军围追堵截。宋军虽

为了提高行军速度，军队往往将兵器放在大部队后方，前锋将士只带比较轻便的武器。在这种情况下，一旦大部队进入埋伏圈，就无法得到更多的兵器，只能靠轻便武器仓促迎战，更容易失败

然顽强抵抗，但终究寡不敌众，主要指挥官任福、桑怿在战争中阵亡，普通士兵更是死伤惨重。

后来李元昊听说宋军又派兵前来支援，就决定班师回朝了。

好水川一战的胜利，令李元昊对宋朝的军事实力更加不放在眼里，他甚至放出狠话，要带兵亲自打到长安去。西夏开始更加频繁地在边境地区活动，通过掠

夺获得更多财物。而宋朝很多人因连续几次失败，对西夏军队开始感到害怕，人人自危，士兵们的作战士气也受到严重打击。宋不得不开始对西夏采取极其被动的防守策略，在边境地区驻扎了很多兵力，但这却造成了宋朝在关中地区的兵力空虚，给李元昊的西夏军队以可乘之机。

1042 年，李元昊再次派出大军，兵分两路，一路从今天的宁夏隆德入手，牵制宋朝的边境兵力，一路从今天的宁夏固原东南地区入手，向渭州进攻，目的是想要带兵攻打到长安去。西夏军队与宋军在定川寨激烈交战，数万宋军被西夏军队打得措手不及，李元昊甚至毁坏了宋军来时的桥梁，从而切断了他们的运粮道，宋军也因此没有了退路。

随后李元昊把定川寨的水源也给断绝掉。宋军又饿又渴，加上当时的天气情况很糟糕，突然刮起的大风令黄沙漫天，很多士兵甚至在狂风与黄沙中掉队了。

李元昊充分利用地形和天气，集中兵力将宋军的多路兵马各个击破。此时宋军的将领们对于采取什么样的作战策略依旧有分歧，主帅葛怀敏不愿听从他人建议，导致战机被贻误。

西夏军队充分抓住宋军极其混乱的好机会，将宋军打败。可以毫不夸张地说，当时的西夏军队将宋军打得几乎是全军覆没。李元昊得意洋洋地带领着他的西夏大军继续南下，一路上烧杀抢掠，到达了渭州。直待宋朝派出著名将领范仲淹，带着援兵

知识链接

西夏地形

西夏包括平原、沙漠、山地三种地形。西夏境内大约有 60% 的土地是沙漠，国都兴庆府位于富饶的银川平原，贺兰山在其西部起到了重要的保护作用。黄河流经西夏，黄河水与冰雪融水成为西夏国的主要水源。

前来，加上宋朝在陕西地方上的众多士兵，李元昊觉得不能让自己的军队吃亏，于是一路烧杀抢掠着回到了北方。

西夏与北宋经历了这三次大规模的战役后，事实上双方都劳民伤财。因为战争，宋朝不再每年给西夏银两、布匹等，西夏与宋之间的对外贸易几乎中断。西夏境内产的盐卖不出去，中原的粮食、茶叶等进不来。西夏经济发展受到严重影响。最终李元昊还是选择了在1044年与北宋议和，史称“庆历和议”。

通过“庆历和议”，西夏和北宋约好，西夏王国愿意臣服宋朝，宋则授予李元昊夏国公的封号，同时还赐予了他象征着国家权力的“夏国主印”。宋朝表面上虽然不让李元昊以皇帝自称，但从权力上来看，已经承认了他的帝王实权，并且让他在领地内可以自行设置官属。

至于西夏军队在战争中掠夺的大量人民和财物，则全部归西夏所有了，北宋每年还要继续赐予西夏银两、布匹和茶。西夏在中原大地上已经获得了与北宋等同的政治地位。

▼ 西夏雕龙石栏柱

贺兰山之战

李元昊的爷爷李继迁，曾娶了辽的义成公主。李继迁也因为这桩政治婚姻，令西夏与辽的关系非常友好。尝到了政治联姻的甜头，随后李继迁的儿子李德明，又为他的儿子李元昊寻得辽兴平公主为妻。不过李元昊并不喜欢兴平公主，婚后两人关系疏远。李元昊建国后，身边美女无数，兴平公主就更加没有存在感了。直到兴平公主因病去世，李元昊才派人把这件事通知给辽。

知识链接

西夏文字

西夏文字也叫番文，或者是河西字，是西夏野利仁荣仿照中原的汉字，用三年时间创制而成。西夏文总共有六千多字，在我国内蒙古的南部、甘肃、宁夏、陕西省北部等西夏统治地区曾经广泛使用。

自视甚高的辽兴宗得知后非常生气，马上派人去找李元昊兴师问罪。当时的李元昊，正带着自己的西夏军团与宋打得不可开交，哪顾得上和辽争论。考虑到与宋之间已经闹得很僵，如果再失去了辽朝的支持，李元昊担心西夏会腹背受敌。于是就兴平公主这件事，李元昊极其识时务地向辽兴宗承认了错误，还拿着大量贡品和金银珠宝献给辽。

可是让李元昊十分恼火的是，辽兴宗也不是什么省油的灯。借着西夏和北宋打得不可开交的机会，利用“重熙增币”从北宋那里获得了更多好处。

拿人家的手短，辽兴宗既然拿了北宋的好处，便答应北宋牵制西夏。先是西夏与宋之间的战争，辽出面劝李元昊停战，接着是西夏与辽在边境问题上矛盾重重，李元昊认为边境上的党项部落归西夏国所有，辽兴宗当然不同意。

后来，李元昊干脆煽动居住在辽的党项族人从辽逃到西夏来，逃过来后就变成了西夏的子民。辽兴宗实在是太生气了，又派人向李元昊兴师问罪，可此时的李元昊更加理直气壮，坚决不归还从辽逃至西夏的党项族子民。

只见辽国的三路大军雄赳赳、气昂昂地直抵西

夏国境内。在贺兰山地区，辽军与西夏军队相遇。辽军整齐划一，并且不断有援军加入。辽军可不像宋军那样形同散沙。李元昊看到辽军气魄如此恢弘，自然也不敢轻敌，于是足智多谋的李元昊先派人去与辽讲和。

古代有大作为的人，往往善于韬光养晦。李元昊在实力较弱时，能够委曲求全，收敛锋芒，是一种政治成熟的表现

使臣带着李元昊深深的歉意去见辽兴宗，没想到辽兴宗在大臣建议下，竟然拒绝和谈，坚决果断地发起了进攻。李元昊是何等人物，他当真精通于用兵打仗。面对辽如此强悍的大军，李元昊带领士兵选择了撤退。不过这不是一般的撤退，而是战略撤退。李元昊在撤退的道路上点起熊熊大火，将沿路的建筑物和粮草都给烧掉了。

辽的大军本就靠着边打仗边搜罗沿途粮草存活，李元昊放火将沿途所见全部烧成了灰烬，辽国的士兵没了粮食，战马没有草吃，大家都只能饿肚子。

辽军越是往前走，粮草问题就越是严重。恰巧这时李元昊又派兵对辽发起了突袭。当然辽军将领也分外骁勇，再次把李元昊的军队给打跑了。

可偏偏这个时候，熟悉贺兰山地区天气和地形的李元昊，有如神助，突然刮起的一股大风，将辽军上下吹得人心惶惶。

李元昊心里很明白，这种突然而来的风沙天气，只是贺兰山地区平时就有的自然现象。可是对于不熟悉该地区的辽军来说，却有点像是鬼神作祟了。

在西北的风沙天气中成长起来的党项族人，便借着风沙向辽发起了攻击。辽军吓得抱头鼠窜，西夏军队便因此大获全胜。李元昊抓住了不少辽朝贵族，只是让辽兴宗逃跑了。

西夏与辽的贺兰山之战，以西夏方面获胜为结果。西夏的军事实力和李元昊的智谋令辽兴宗刮目相看，但也让他很不甘心，决心要寻找机会

报仇雪恨。

不过无论如何，西夏摆脱了辽对自己的控制。在中华大地上，西夏、辽和北宋真正形成了三家分立的政治局面。

古人把人力所不能及的事情都归结为上天的安排，这是迷信的表现。在双方交战中，如果军旗被大风刮断，或者城墙无故崩塌，都被认为是兵败的征兆。其实，这些都是自然现象。辽军之所以一败千里，不是不够勇猛，而是太过迷信，而西夏军队正因为熟悉自然现象才反败为胜

没藏氏专权

西夏国发展日益稳定，李元昊开始好大喜功起来，他统治后期干脆在自己的王宫里夜夜日笙歌，朝政就这样被放在了一边。

李元昊给他的儿子，也就是太子李宁令哥娶了一位貌美如花的妻子没移氏。谁知见到没移氏本人后，李元昊干脆把儿媳抢来当成了自己的媳妇。因为这件事，李元昊在太子李宁令哥内心种下了一颗怨恨的种子。

李元昊原本的皇后是野利氏。野利氏的哥哥野利遇乞遭宋朝的种世衡陷害，李元昊轻信谣言，将野利遇乞杀死，还将他彻底抄家。野利遇乞的一位妾室没藏氏逃了出来，跑到尼姑庵削发为尼。后来李元昊得知了事情的真相，在野利皇后的哭诉下四处寻找野利遇乞的家人，便找到了已经成为尼姑的没藏氏。

野利皇后将没藏氏接入宫中，没想到这没藏氏实在是长得太漂亮，风流多情的李元昊见到她后便动了心，竟然和没藏氏有了私情。没藏氏给李元昊生下儿子李谅祚，也就是后来的夏毅宗。李元昊便干脆把野利皇后废掉了。

没藏氏的哥哥没藏讹庞，拿李元昊的所作所为做文章，悄悄告诉当时的太子李宁令哥，说只要他想办法把李元昊杀死，已经是国相的没藏讹庞就会

知识链接

西夏与金贸易纠纷

金世宗曾关闭了西夏和金进行互市的两个榷场，只因西夏人拿本国出产的珠宝与金的丝绵交换。

金世宗认为西夏拿无用的珠宝换去了有用的丝绵，金做了赔本生意。

夏仁宗李仁孝为了恢复西夏与金的边境贸易，专门向金呈上了珍贵的“百头帐”，并且多次与金进行谈判，终于促成金将榷场重新开放。

带领文武百官拥戴李宁令哥当皇帝。想到自己多年被父亲李元昊所压制，妻子被父亲夺去，舅舅被父亲杀死，亲生母亲则成了废后，李宁令哥在没藏讹庞的挑唆下，拿起兵器带人闯入宫中，借着自己的亲信与侍卫周旋之际，一刀就把已经喝醉了酒的李元昊的鼻子割了下来。

没了鼻子的李元昊把李宁令哥吓得不浅，胆战心惊的李宁令哥扔下兵器逃跑了。他本想逃到没藏讹庞家躲起来，谁知没

藏讹庞翻脸不认人，竟然将李宁令哥给抓了起来。

西夏皇帝李元昊被太子所伤，没藏讹庞抓住了元凶，后来李元昊因鼻子伤势太过严重而去世，没藏讹庞便顺理成章地大权在握了。没藏讹庞与没藏氏兄妹联手，杀掉太子和太子的亲生母亲野利氏，然后把尚且年幼的李谅祚推上了皇帝宝座。西夏王朝就这样由李元昊统治时期，进入夏毅宗李谅祚时期，不过这却是以没藏氏专权开始的。

夏毅宗的亲生母亲没藏氏，早年过着非常凄苦的生活。那时她是李元昊心腹大将野利遇乞的妾室之一。可是野利遇乞长期在外领兵打仗，家里的妻妾们便经常欺侮没藏氏。野利遇乞死后，成为尼姑的没藏氏被接入宫中，恰好她的美艳被李元昊看中，即便是被李元昊藏在寺院中，以尼姑“没藏大师”的身份出入，没藏氏还是一直都受到李元昊的宠爱。

知识链接

“宁夏”由来

蒙古灭西夏后，将西夏中兴府改名为宁夏路，取西夏地区安宁的意思。从这时起，“宁夏”一直沿用至今。

李元昊临终前原本有遗言，要让自己的堂弟委哥宁令当皇帝。可是李元昊去世后，没藏讹庞坚决反对李元昊的旨意，执意要让自己的外甥，也就是李元昊的亲生儿子李谅祚当皇帝。朝堂上无人敢反驳没藏讹庞，于是没藏氏就光明正大地抱着自己年幼的儿子登上皇位，开始临朝摄政。

没藏氏专权大约有 7 年之久，却为西夏国做了一些有助于国家发展的事情。她没有像很多垂帘听政的太后那样，任凭自己的娘家人在朝堂之上兴风作浪，相反，没藏氏严密控制哥哥没藏讹庞日益膨胀的权力。有一次，没藏氏听说没藏讹庞在宋夏边境地区命人肆意耕作，收入全部装进了自己的口袋。没藏氏觉得哥哥的行为会令西夏与宋之间的矛盾激化，同时也为了自保，便派宠臣李守贵详查没藏讹庞。

为了安抚西夏百姓，没藏氏一边加强军队建设，勤奋练兵，一边与宋朝修好，与辽采取灵活的迂回外交策略，尽最大努力避免战争。没藏氏因为在西夏与宋之间采取了和战策略，因而中原文化特别是佛教文化在西夏非常盛行。没藏氏本人也笃信佛教，这令西夏与北宋之间文化交流频繁。

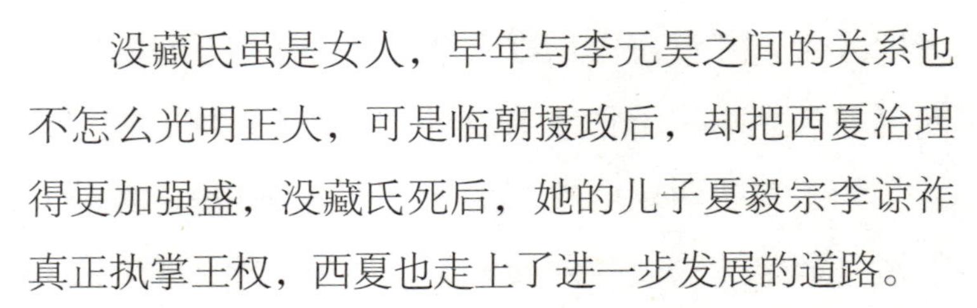

没藏氏虽是女人，早年与李元昊之间的关系也不怎么光明正大，可是临朝摄政后，却把西夏治理得更加强盛，没藏氏死后，她的儿子夏毅宗李谅祚真正执掌王权，西夏也走上了进一步发展的道路。

历史上关于没藏氏的逝世有很多争议。很多人说她是被宠臣李守贵派出的刺客，杀死在了夜晚狩猎的归途中；也有人说没藏氏是被没藏讹庞派人刺杀的；还有人说是当时年仅 9 岁的小皇帝李谅祚将没藏氏杀死的。不过自没藏氏死后，这位有着“西夏艳后”之称的皇太后，其专权时期也跟着结束了。她的生平，她生前的是非功过，只有留待后人评说了。

知识链接

西夏盐业

西夏产的盐主要有青盐、白盐和红盐。西夏的青盐质量上乘，价格低廉，在榷场非常畅销。在与宋、辽、金的贸易中，西夏青盐占据着重要地位。其中，宋对西夏青盐的需求量最大，西夏用青盐从宋换回大量粮食。

西夏毅宗亲政

对于李谅祚这位不满一岁就登上皇位的小皇帝来说，人生有太多不确定因素。虽贵为西夏国主，但皇位形同虚设，只能跟随着母亲，在舅舅的安排下慢慢长大。倒是李谅祚的舅舅没藏讹庞，在西夏国的势力不亚于皇帝。他出入总是排场很大，跟皇帝出入的仪仗规模极其相似。在与辽的外交上，没藏讹庞可以拿夏景宗李元昊的遗物相赠，甚至在更改年号的问题上，没藏讹庞也完全说了算。

不过没藏讹庞的强权却给一直想报贺兰山一战之仇的辽兴宗找到了机会。辽兴宗耶律宗真得知强敌李元昊逝世，完全没把李谅祚这位小皇帝放在眼

▲ 西夏石雕力士志文支座

里。他马上召集人马，亲自挂帅出征，带着契丹大军攻打西夏。辽兴宗一路上边打边抢，西夏军队没了李元昊的指挥，根本不是辽的对手，只能选择撤退。辽兴宗最后带着部队到达了贺兰山西夏储存粮食的地方，就下令将西夏的存粮全部抢走。

相比于第一次的贺兰山之战，这次西夏败得实在很惨。没藏氏赶紧向辽抛出橄榄枝，想要议和称臣。可是辽兴宗却拿西夏国主李谅祚年幼说事，狠狠抬高了价码，声称担心西夏皇帝年幼，没办法管理好自己的臣子，万一在边境滋事怎么办。于是辽兴宗就在辽与西夏边境设下重兵。西夏被辽的阵势吓怕了，便经常拿着贡品向辽示好。

兵马未动，粮草先行。这句话说明粮草对于军队作战的重要性。敌我双方常常设计抢劫粮草，一旦粮草被劫，很容易造成军心不稳，继而被迫撤军没藏氏在世的时候，还多多少少对自己的哥哥没藏讹庞有所控制。可是李元昊时期令没藏讹庞有些害怕的三大将，早就被夺去了兵权。没藏氏被人杀害后，没藏讹庞便更加有恃无恐。为了保障自己的权势，他将自己的女儿小没藏氏嫁给了小皇帝李谅祚。

于是没藏讹庞一方面是总揽朝政的国相，一方面成了皇帝的岳父，他在西夏朝野之上也更加独断专横了。

随着李谅祚渐渐长大成人，他开始更多地参与到西夏国的治理中。夏毅宗李谅祚与舅舅兼岳父没藏讹庞之间的矛盾也变得越来越深。

没藏讹庞想要警告李谅祚，于是杀鸡给猴看，将李谅祚身边的心腹大臣高怀昌和毛惟正杀死。李谅祚也没有坐以待毙，而是从没藏讹庞的政敌漫咩入手，通过获得漫咩的支持，与没藏讹庞对抗。最绝的是，李谅祚竟然和没藏讹庞的儿媳妇梁氏暗生情愫。恰恰就是这位梁氏，将没藏讹庞父子打算杀掉皇帝谋反的事情及时告知了李谅祚，于是西夏的政治局势发生了戏剧性的逆转。

▲ 西夏莲花形錾花金盏托

李谅祚在漫咩等人的拥戴下，将没藏家族满门抄斩。

李谅祚完全没有念及当年亲生母亲将自己托付给舅舅没藏讹庞照顾的恩情，就连没藏讹庞许配给李谅祚的妻子小没藏氏，李谅祚也没有放过，将她狠心诛杀。

自此，夏毅宗李谅祚将西夏国的皇权牢牢把握在了自己手中。亲政后的李谅祚，在改革内政和与宋、辽之间的外交上，颇有一番作为。

李谅祚推崇中原汉文化，他在西夏采用汉人的礼仪制度，抛弃了党项族传统的蕃礼。他向宋要来了儒家经典著作，在西夏国推行儒家文化。李谅祚还在西夏国增设官职，尤其侧重增设了诸如尚书、侍郎等不少汉官职务。

李谅祚将李元昊时期抛弃的李姓恢复，在宋的允许下，决定穿上汉族服饰接见宋朝使者。

外交方面，李谅祚将舅舅没藏讹庞曾经侵占的、用于中饱私囊的边境土地归还给了宋朝。西夏与宋的边界重新划定。随后李谅祚努力恢复西夏与宋的边境贸

古代常常有“诛灭九族”“满门抄斩”等严厉的惩罚，目的就是避免以后有人报仇雪恨。从秦朝开始，就有“族诛”的酷法，最初是“夷三族”，后人越来越严酷，发展到了“诛灭九族”“满门抄斩”的地步

易，向宋提出恢复西夏与宋用于边境贸易的榷场，可是宋朝对西夏的态度并不友好。

后来李谅祚再次派使臣去宋朝，然而宋朝却声称要发兵攻打西夏。李谅祚决定要给看不起西夏的宋朝一些警告，于是带领他的西夏军团向宋出兵。李谅祚接二连三的进攻，让宋对西夏的实力有所顾忌。

非常有趣的是，李谅祚在派兵攻打北宋期间，还是派使臣隔三差五地去看望宋朝皇帝。他要通过武力让宋尊重西夏，同时又不真正与宋关系僵化，坚决不给在一旁观战的辽可乘之机。

就这样，李谅祚与宋若即若离，当宋打算严厉惩治李谅祚时，他便提出只要恢复了两国的友好关系，保证边境互市，那么西夏就会安分守己。已经被李谅祚折腾得不胜其烦的北宋，自然接受了西夏的休战请求。

李谅祚在位期间，还领兵攻打了河湟吐蕃，那时刚好赶上这支吐蕃部落的首领与辽之间发生矛盾。李谅祚找到机会，带着西夏部队长驱直入，大败吐蕃。这支西夏军队一直攻打到今天的青海西宁，不少吐蕃部落首领都被李谅祚收降。

这次攻打吐蕃，西夏军队大获全胜，从而稳定了西夏国南部疆土。在战争中获利丰厚的李谅祚，更是亲自到辽地友好访问，并且给信奉佛教的辽朝皇帝带去了佛经等宝物。

不过，年轻有为的李谅祚，却因为战场上的一次负伤，不幸伤口感染而去世，那时他只有 21 岁。后人评价他治理西夏国有方，在文治方面尤其出众。

列孔子为帝位

毅宗李谅祚去世后，西夏又经历了惠宗、崇宗时代。此时的西夏各方面可以说是井井有条。崇宗李乾顺去世后，他的儿子李仁孝即位，开启了西夏最辉煌的时代。

夏仁宗李仁孝是西夏的第五位皇帝。经过夏崇宗一代的励精图治，到了夏仁宗即位时，西夏国的政治、经济、军事已经得到了一定的恢复与发展。在夏崇宗的基础之上，夏仁宗李仁孝推行以儒家文化治国，甚至将孔子列入帝王行列。中原的汉文化在西夏获得了前所未有的推崇。

如同所有新上任的领导者一样，李仁孝刚把帝位坐稳，朝政上便要推行自己的治国思想，大刀阔斧地进行创新改革。这恰恰是皇帝显示其作为的最佳时机。不过李仁孝确实不是寻常人，据说他出生时周身散发出奇异的光芒。历史上很多创下丰功伟绩的帝王，史书上往往都会将他的出生写得神乎其神，李仁孝便是如此，大有神仙下凡的意味。

当时李乾元费了很大劲从辽娶回的成安公主看到李仁孝后，觉得与这孩子非常有眼缘，便给他取了“仁孝”的名字。事实证明，成安公主名字起得极准。夏仁宗李仁孝真如他的名字那般，以“仁孝”之道将西夏国推向了最为鼎盛的发展阶段。从地方到中央，从年幼的孩子到学富五车的学究，儒家文化因为李仁孝的大力推广，令整个西夏国发生了翻天覆地的变化。

先说地方。李仁孝当上皇帝后，一边与金和睦相处，一边带着各种金银珠宝和大量贡品与宋积极往来。恰恰是在李仁孝与宋的交往中，他发现中原的儒家文化确实是治国的大智慧。于是李仁孝干脆在西夏国内各地广泛建立学校，鼓励大家来学习儒家文化。学校里的学生也因此成倍增加。

▲ 西夏石螭首

再说中央。西夏宫廷中，李仁孝专门设置了“小学”，请来精通儒学的老师，以小班授课的模式，对西夏皇室贵族子弟进行教育。李仁孝要求西夏皇族年满 7 岁的孩子就要进入“小学”学习儒家文化。李仁孝和皇后只要一有空，就经常会来“小学”亲自指导皇室孩子们的学习。可见其对皇室贵族学习儒家文化的重视程度之高。

不过这些对于极度崇拜儒家学说的李仁孝来说，还远远不够。他干脆在西夏设立了儒家学说的最高学府“太学”。在李仁孝设立的“太学”开学奠基典礼上，他看到文质彬彬的师生们齐聚一堂，极富文化氛围，李仁孝非常高兴，大方地赏

赐了众位师生。

后来，李仁孝干脆给儒家学说的始祖孔子奉上了文宣帝的称号。孔子他老人家如果泉下有知，恐怕也会受宠若惊，没想到自己一个读书人，竟然在西夏当上了皇帝。随后李仁孝在西夏国内建立了孔庙。此时儒家学说已经成为西夏国正统的治国思想了。

因而像中原一样，当时的读书人如果想在西夏谋得一官半职，首先要精通儒家思想。他们接下来还要参加李仁孝设置的科举考试。参考宋朝的科举制度，李仁孝花了很多精力将西夏的科举制度加以完善，使其成为中央和地方选拔官吏的重要手段。

治理国家要文武兼备，不可偏废。夏仁宗重用儒生促进了国家的文明建设，但这一时期能征善战的将领越来越少，西夏的军事实力慢慢走了下坡路

接下来，李仁孝开始重用精通儒家学说的学者，请他们到自己设立的“内学”中来办讲座，请他们来主管重要的文字研究工作。

李仁孝还从宋朝买来大量的儒家经典学说和佛经，更在中央为这些学识渊博的学者们设置了翰林学士院。学者们在翰林学士院内为西夏编写国史，为李氏家族编写实录。

正是由于夏仁宗李仁孝在西夏国内大力推行儒家文化，所以西夏文化呈现出精彩纷呈的发展态势。李仁孝统治时期，许多诗集、学术著作、文字典籍等都被大量印刷，诸如《月月娱诗》这样的诗歌集，更是脍炙人口。这令西夏的文化发展实现了空前繁荣。

与此同时，信奉佛教的李仁孝，礼遇佛教大师。他专门向西藏派出了使者，想要为西夏请来藏传佛

教大师都松钦巴。都松钦巴让他最得意的大弟子，带着经像来到了西夏的凉州城，受到李仁孝的热情迎接。李仁孝还诚心诚意地为其奉上了“上师”的称号。可见李仁孝对佛教有多么重视。不仅如此，李仁孝专门将金瓔珞等佛塔上面的饰物献给了西藏的粗布寺，以表示自己对佛教的虔诚。

在李仁孝统治时期，专门命人翻译校对经文，刻印了很多佛经。例如佛教的《悲华经》《大方广佛华严经》等数十部经文，都是李仁孝命人校对刻印的。李仁孝有一次专门请来佛教僧人举行规模盛大的法会，其间向百姓施散的佛教经文就有 15 万卷之多。李仁孝在西夏国内如此大力弘扬佛教，对于加强文化交流极其有益。对于夏景宗李元昊时期创造了西夏文字的野利仁荣，李仁孝还将其追

封为广惠王，以显示自己对文化交流的重视。

1909年，俄国人从西夏的黑水城遗址中拿走了一本名为《番汉合时掌中珠》的字典。这本字典就是夏仁宗李仁孝时期，由党项族学者骨勒茂才编写完成的，而且这本字典由西夏文和汉文双语编写而成。

骨勒茂才在《番汉合时掌中珠》的序言中指出，在西夏，如果你不会番文，那么就很难融入党项族群体中，如果你不会汉文，那么又很难与汉人共事。可见用西夏文和汉文编写这本双语字典，就是为了便于人们学习，促进西夏与中原的汉文化交流、融合。同时，这一时期佛教的发展，也在《番汉合时掌中珠》中有所体现，特别是书中最后的佛像，用汉文和西夏文书写了佛教的六字箴言“唵嘛尼叭咪吽”，围绕在佛像周围。

夏仁宗李仁孝统治的西夏王朝受中原文化影响深刻，儒家文化与佛教文化在西夏变得极其重要。在某种程度上，它成为一个人道德、修养、能力的体现。西夏文明因此显得更加辉煌且气度非凡。

鼎盛时期

西夏仁宗统治至天盛年间，社会经济、政治、军事、文化等都达到了前所未有的繁荣状态，李元昊建立的西夏王朝达到了鼎盛时期。

知识链接

野利仁荣

西夏著名学者，按照西夏王朝的开创者李元昊的旨意，创制了西夏文。西夏有名的《大颂诗》就是歌颂野利仁荣的。后来西夏仁宗李仁孝还将野利仁荣追封为广惠王。

成安公主

成安公主名字叫耶律南仙，是辽天祚帝的族女。

公元1100年，西夏崇宗李乾顺向辽朝请婚，辽国没有允许。两年后，李乾顺又派使者去辽朝入贡，再次请婚。这次辽天祚帝答应了他的请求，封宗室女耶律南仙为成安公主，嫁给李乾顺。

成安公主嫁到西夏之后为李乾顺生下一个儿子，被李乾顺立为太子。

在这段鼎盛时期，夏仁宗李仁孝除了大力推行中原文化外，还非常重视法制建设。李仁孝意识到国家法制建设的重要性，缘于他有次外出狩猎。李仁孝骑着他的宝马，来到一处路面坑坑洼洼的地方。很不幸，李仁孝的坐骑因所行路况不佳而摔伤了。看到自己心爱的宝马受伤，李仁孝暴跳如雷，气得想要将负责修理该路段的官员给杀掉。

看到皇帝极其情绪化而想要乱杀人，旁边的臣子便提醒李仁孝，国家的法律根本就没有明文规定说皇帝的马摔伤了就可以杀死修路的官员，况且这样做也违背道德底线。李仁孝转念一想，确实如此，便决定不将修路官员治罪，倒是将随后的主要精力放在了制定和修改国家法律上。

就这样，李仁孝颁布了一部西夏王朝的权威法典《天盛改旧新定律令》。在编纂这部法典时，既参考了唐、宋时期的各项法律条文，又根据西夏的实际情况加以制定，非常符合西夏国情。这是西夏历史上内容最为完整的法典，除了刑法等最基本的国家法律，还包括民法、行政法等。

李仁孝以明确的法律来规范西夏子民的行为，不仅对劝说他不要杀死修路官员的臣子进行了奖励，还由此鼓励大家对自己治理国家多提意见。李仁孝干脆把重要的国家机构移到了自己的宫门内，这样担任重要行政事务的官员们离自己近了，皇帝与他们沟通起来也更加方便。李仁孝能够如此虚心纳谏，与中原唐朝繁盛时期的皇帝唐太宗非常相似。

知识链接

唐太宗李世民

唐太宗李世民是李唐王朝的第二位皇帝。他在位期间，励精图治，大力发展农业生产，令百姓休养生息，使得刚刚经历过连绵战火的社会稳定了下来，并出现大治之世。这个时期被后世称为“贞观之治”。

更为相似的是，李仁孝也重用了那些有才干的廉洁官员。例如焦景颜，当时是李仁孝的翰林学士，他不仅才学出众，为人也非常正直。当时任纯忠仗着自己在西夏朝廷中的势力，胡作非为，焦景颜毫不畏惧地对其进行当面指责。李仁孝为焦景颜的气节拍手叫好，对类似他这样的官吏进行了提拔和重用，并且还非常细致地加以保护，以免忠良之臣被坏人迫害。当时的国相任得敬，就是被一位叫热辣公济的忠臣举报的。考虑到任得敬在朝野中

> **知识链接**
>
> **灵武**
>
> 灵州现属于宁夏回族自治区，古代就有“塞上江南”的美称，历史文明悠久，是中华民族的文明发祥地之一。

势力很大，且为人奸诈，李仁孝让热辣公济离开了朝廷，从而使得热辣公济没有遭到任得敬的残害。后来任得敬的势力越来越大，甚至想要分裂整个国家，幸亏夏仁宗用计挽回了局面，使西夏王朝得以保全。

鼎盛时期，西夏的经济发展也取得了前所未有的进步。当时党项族的贵族阶层生活奢侈浪费，攀比之风盛行。李仁孝认为这不利于国家发展，还会在官员中间滋生贪污和腐败风气。于是李仁孝在全国范围内下达了命令，西夏上至王公贵族，下至平民百姓，谁也不许过得太奢侈。

当时有位王公贵族生前占地无数，这位贵族死后，李仁孝将这些土地收归国有，让百姓在这些土地上种庄稼，从而增加了国家的赋税收入。为了鼓励百姓好好种田放牧，李仁孝多次降低赋税。百姓便更加愿意租赁土地耕种。大规模的农牧业生产，事实上对于整个国家而言，有利于经济的发展。因而西夏的农牧业经济在天盛年间发展得尤其迅速，这主要得益于李仁孝明智的经济政策。

在促进贸易发展方面，考虑到西夏现有流通货币数量较少，西夏的经济实力越来越雄厚，市面上的货币明显不够用了。因此李仁孝专门在西夏设立了“通济监”。

这个“通济监”是做什么用的呢？它的主要功能就是铸币，通俗来说就是制造西夏国使用的流通货币。相当于今天的中国印钞造币总公司。

知识链接

西夏钱币

西夏钱币分西夏文和汉字体两种。目前已经发现的西夏文钱币有五种，分别是福圣宝钱、大安宝钱、贞观宝钱、乾祐宝钱和天庆宝钱。

这五种钱币正面为西夏文，背面为光背。已经发现汉字体西夏钱币有八种，按照年号来分有大安、大德、元德、天盛、乾祐、天庆、皇建以及光定，书体为楷书。西夏钱币大都比较精美，而且书法俊逸流畅，非常少见，属于珍稀的古钱币。

当时的监察御史梁惟忠负责掌管“通济监”的各项事务。他们铸出的钱币如“天盛永宝”等，在今天的古钱收藏界被专家和收藏爱好者们所推崇。这些西夏钱币采用优质的铜铸造而成，边缘整齐，做工非常精美。钱币上用俊逸的楷书字体书写，在我国的钱币铸造史上是稀世珍品！不少考古学家还认为，研究西夏时期的铸币，对于历史学研究也非常有帮助，可以说是相得益彰。

西夏发展至天盛年间，无论是内政，还是外交，都处于非常成熟的状态。西夏的鼎盛时期是李仁孝一生中可圈可点的杰出政绩，同时也是整个西夏王朝历史上最为浓墨重彩的一笔。西夏文明因此被非常隆重地载入中华历史，成为整个中华民族发展史中的一页重要篇章。

农业的发展经历了漫长的过程。夏商周时期，中国发明了金属冶炼技术，青铜工具开始用于农业；春秋战国时期，炼铁技术被发明出来，铁制工具大大提高了生产力；秦汉至南北朝，农具逐步被发明出来；隋唐宋元时期，水田专用工具被发明出来；明清及以后，人多地少的现象更加普遍，更加注重精耕细作。下图为水田作物的种植

破裂的夏金关系

夏仁宗李仁孝将西夏推向了鼎盛，李仁孝逝世后，他的儿子李纯祐继位，即夏桓宗。夏桓宗李纯祐在位期间，基本上沿袭了父亲李仁孝的为政方针，尽量少打仗，大力发展生产，通过附金和宋的外交策略，让西夏得以长治久安。

不过西夏统治阶层此时的问题却日益严重。国家强盛了，统治阶级变得不思进取，贪图享乐，西夏官场贪污腐败严重。与此同时，在中华大地上，除了金和南宋以外，蒙古开始崛起，经过不断发展，逐步对西夏构成威胁。西夏的国力就这样在内忧外患中开始渐渐衰落。

李纯祐有位堂兄叫李安全，是夏仁宗李仁孝的侄子。李安全的父亲在铲除任得敬势力时立下大功，被封为西夏的越王。待其父亲去世后，李安全仗着父亲的威望和功劳，就去请求李纯祐，希望自己也能像父亲一样，成为越王。可是考虑到李安全并没有像他父亲那样为西夏国立下这么大的功劳，威望也不及他的父亲，因此李安全的请求被夏桓宗李纯祐拒绝了，仅仅给了他一个镇夷郡王的封号。这惹怒了李安全。

经过与夏桓宗的母亲罗太后密谋，李安全做出了一个大胆的决定。既然李纯祐不让自己当越王，他就干脆将夏桓宗废

知识链接

西夏佛教

西夏将佛教尊为国教，曾经先后六次向宋朝求赐佛经，还耗费大量财力、人力来翻译刊印佛教经典。

西夏国内有很多佛教建筑，还重修扩建了举世闻名的敦煌莫高窟。到了西夏中期，来自吐蕃的藏传佛教开始盛行起来，推动了西夏的佛教艺术的发展和演变。

▲ 西夏荔枝纹金牌饰

黜，自己当皇帝。最终李安全发动政变，带领着兵马，拿着兵器，把皇帝李纯祐拉下了宝座。李安全成为西夏的第七位皇帝——夏襄宗。夏桓宗李纯祐也因为这件事，感觉特别窝囊，每天都郁闷得不得了，在被软禁时气绝身亡。当时的夏桓宗只有 30 岁，他当政时期的治国举措还算英明。可是李安全却完全不同，是位十足的昏君。

长期以来，为了国家发展，西夏统治者在金灭辽以后，一直与金积极交好。

可是李安全当上皇帝后，完全不顾及西夏已经走向衰弱的国力，反而派兵攻打金。同时，李安全觉得蒙古日渐强大，主观上认为西夏应当依附于蒙古。可事实上蒙古根本不买李安全的账，能征善战的蒙古人需要的不是西夏的贡品，而是要从根本上占领西夏国，使之成为蒙古帝国的疆土。这点是昏庸的李安全根本料想不到的。

在李安全的错误外交策略指导下，西夏与金之间展开了达 13 年之久的战争。西夏与金之间平均每年就要打一两次仗。西夏带兵掠夺骚扰金，金也不甘示弱，跟西夏之间打得不可开交。两国都因为长久开战，劳民伤财，经济发展停滞，官吏贪腐，对国力造成极大损害。从李安全派兵攻打金在今天陕西省佳县境内的葭州开始，西夏与金之间的友谊便出现了裂痕。以至于后来蒙古攻打西夏，李安全想要获得金的帮助，此时已经不再是朋友的金坚决拒绝出兵。这事实上为蒙古创造了坐收渔利的条件，导致西夏和金最终被蒙古灭掉。

知识链接

兴庆府

兴庆府是西夏国的都城，今宁夏银川。公元 1020 年，西夏主李德明派遣大臣率领役夫北渡黄河在这里建城，营造城阙宫殿并定都于此，名为兴州。

李元昊即位后，又广建宫城，营造殿宇，升兴州为兴庆府。他在这里建立西夏，登上帝位。此后，西夏历代皇帝皆以此为都城。

在夏桓宗李纯佑统治时期，蒙古就开始派兵攻打西夏。到了夏襄宗李安全统治时期，蒙古帝国杰出的领导者成吉思汗，带着他训练有素且装备精良的蒙古军队对西夏展开了全面进攻。李安全派出了他的亲生儿子李承祯带兵应战。谁知西夏的兵马根本不是蒙古大军的对手，西夏军队惨败。

▲ 西夏双龙钮八卦铜钟

成吉思汗领着军队继续向南挺进，眼看威胁到了西夏都城中兴府（即兴庆府，夏桓宗时期为了取国家中兴之意将都城改了名称）。

然而此时的西夏，被李安全统治时胡乱折腾一番，根本中兴不起来了。考虑到蒙古大军要是真攻陷了中兴府，自己皇位不保，李安全便又让西夏名将嵬名令公再领5万人马迎战蒙古人。最初，西夏军队凭借险要地形，尚且能够牵制蒙古军队。不过西夏与蒙古打了两个月的仗之后，就有点坚持不住了。有着杰出军事才能的成吉思汗，趁西夏军队疲劳松懈的时候，运用伏击战术，将主帅嵬名令公抓住，蒙古军队因此兵临中兴府。

西夏曾经盛极一时的中兴府，在蒙古大军的铁骑下被破坏得惨不忍睹。成吉思汗命人用水淹中兴府内的西夏守军。大量黄河水被引来灌入城内，西夏士兵和

百姓死的死，伤的伤，连城墙几乎都要被蒙古军队打塌了。

夏襄宗李安全实在没有其他办法了，只好向金寻求帮助。夏与金之间的关系早已破裂，金坚决不肯派兵支援。不过刚好蒙古大军修建的引水堤坝塌了，蒙古人想要用水淹西夏，没想到自己反而遭了水灾。于是李安全提出投降，蒙古人答应了。李安全又给蒙古人送了很多礼物，还把他的女儿也远嫁到了蒙古，这才让蒙古大军回国了。

可以说李安全在位期间，不仅没干什么好事，还加速了西夏的灭亡。他昏庸无能，只知道享乐，穷兵黩武，将国家大事视为儿戏。西夏军队因为长期征战，

士兵们的厌战情绪严重，老百姓被战争折磨的同时，更被统治阶级剥削得苦不堪言。西夏不再是夏仁宗李仁孝统治时期国泰民安的局面，到处都是对当权者的埋怨和不满。

试想，如果西夏没有对金用兵，而是继续采取友好的外交策略，西夏与金联合抗击蒙古，恐怕还有胜算。可是太过势利的李安全，目光狭窄，抛弃了老朋友金的同时，也并没有得到蒙古的友谊。正所谓赔了夫人又折兵，最后西夏反而被战争耗尽了国力。前人辛苦创造的帝国基业，就这样毁在了昏庸的李安全手中。

后来西夏宗室有着皇族血统的李遵顼篡权当上了西夏皇帝，将昏庸无能的夏襄宗李安全废黜，李安全在被夺去皇位一个月后去世。想当年李安全篡夺了夏桓宗李纯佑的皇位，却没有夏桓宗那么英明，与金翻脸将西夏变得民不聊生。李安全带领着西夏走上了一条自取灭亡的道路，他自己也被夏神宗李遵顼废黜，与当年夏桓宗被废黜很相似。李安全被夺去皇位后，恐怕更多的是悲凉、遗憾与郁郁寡欢吧。

西夏由此开始了夏神宗李遵顼的统治时期。不过这位西夏历史上的状元皇帝，虽然学富五车，但在治国方面做得也不怎么样。

李遵顼依旧采取附蒙抗金的外交策略，令西夏与金之间的关系越来越糟糕，西夏在政治、经济、军事各方面也变得更加衰败。

知识链接

赔了夫人又折兵

赔了夫人又折兵是一个典故成语，比喻想占便宜却没有占到便宜，反而遭受损失。典故出自东汉末年，孙权想夺回荆州，周瑜献计假借招亲之名扣押刘备，结果被诸葛亮识破。最后刘备真的娶了孙尚香。刘备成婚后带着夫人逃出东吴，周瑜带兵追赶，又被诸葛亮的伏兵打败。孙权与周瑜被人嘲笑“赔了夫人又折兵”。

蒙古大军灭西夏

夏神宗李遵顼统治时期依旧采取了夏襄宗附蒙抗金的外交策略。西夏派兵攻打金，金当时的皇帝金宣宗也不甘示弱，继续跟西夏对着干。西夏士兵和百姓早就对战争厌倦透顶。因此，西夏屡战屡败。昏庸的夏神宗李遵顼还是命令部队变本加厉地对金发起进攻。即便是金派使节来示好，给了李遵顼夏国王的尊贵称号，可是李遵顼想到与金多年的恩怨纠葛，便在蒙古入侵金的时候，帮着蒙古对金作战。

几乎每次蒙古需要兵力支援，西夏都不遗余力地派出自己的军队，给蒙古三四万的兵力支援都是寻常事。可在这个过程中，西夏接连战败，死伤无数。有一次，蒙古攻打金时又向西夏征调军队，西夏实在扛不住了，便没有出兵。这下蒙古大军愤怒了，干脆将战争的矛头转向了西夏，将西夏都城中兴府里三层外三层包围住。夏神宗被吓跑了，太子李德任留守在都城中。直到蒙古军队撤兵后，夏神宗才又回到了都城。

有大臣实在看不下去了，就劝李遵顼不能再与金打仗了，再打下去西夏很可能就会彻底毁在他手里。可是李遵顼根本不听劝告。后来李遵顼命令太子李德任带领西夏军队去攻打金，主张停战的李德任拒绝了自己的父亲。李遵顼对太子的劝告也完全听不进去，以至于李德任威胁自己的父亲，说如果他再不停战，自己就不当太子了，直接到寺院里去当僧人。李遵顼听后很生气，心想你不是要去当僧人吗？干脆我就把你这个太子给废掉，然后夏神宗将太子关在了灵州。

可就在西夏国内激烈争论着要不要攻打金时，蒙古的成吉思汗开始带兵攻打西夏了。李遵顼原本想着自己附蒙抗金有功，怎么也能跟着蒙古令西夏国生存下去，可没想到蒙古竟然是翻脸不认人。成吉思汗带领着自己的蒙古铁骑，一路所向披靡，西夏军队被打得落花流水。面对西夏屡战屡败的局面，李遵顼不得不将皇位让给了他的二儿子李德旺，自己成了太上皇。后来蒙古大军又攻陷了西夏多个地方，李遵顼最终带着悔恨与遗憾离开了人世。

李遵顼的二儿子李德旺，即夏献宗，倒是位英明的皇帝。他登上皇位后，马上纠正了父亲错误的外交政策，于 1224 年开始联合金抵抗蒙古，希望能够挽回西夏正在走向灭亡的局势。

虽然西夏与金又成了好朋友，但曾经强大的金此时也是自身难保。眼看金的都城就要被蒙古攻陷，西夏也没什么力量再提供支援。李德旺想要联络其他残余势力共同抗击蒙古，这被正在西征的成吉思汗知道后，干脆派出他在中原地区的蒙古大军，打着西夏不派兵支持自己西征的旗号，决定给西夏点颜色瞧瞧。

1225 年，西征后的成吉思汗回到蒙古，这一次，他准备彻底消灭西夏。虽然西夏主战派奋力抵抗成吉思汗的蒙古大军，可是成吉思汗确实是位军事天才，加上蒙古军事力量强大，被夏襄宗和夏神宗早就耗尽力气的西夏军队，根本就不是蒙古大军的对手。成吉思汗兵分两路，他自己带兵先是攻下了西夏的黑水城，不久便进驻浑垂山，另一支蒙古军队则逐步攻打到了今天的甘肃武威，后来西夏境内的宁夏中卫等地也相继失陷。

蒙古大军攻打西夏甘州时，尽管甘州守将投降，但是副将率领军民誓死抵抗，最终以身殉国。不过成吉思汗的军队在西夏国境内，依旧所向披靡，不少地方都被招降。就这样，夏献宗李德旺实在想不出力挽狂澜的办法，最后带着遗憾离开了人世。

夏献宗李德旺去世后，他的侄子李晛（xiàn）继位。可此时的蒙古大军已经

将西夏都城中兴府团团包围。李睍带着西夏军民在都城内坚守有半年之久，然而由于百姓和军队没有粮食了，加上瘟疫蔓延，又发生了地震，最终李睍向蒙古大军投降。李睍向成吉思汗请求给他一个月时间，再献出西夏都城。可这期间成吉思汗去世了，蒙古人怕李睍反悔，便没有把成吉思汗去世的消息发布出去。一个月后，李睍按照约定献出中兴府，已经去世的成吉思汗却早就立下了遗嘱，将李睍杀死，党项族也悲惨地遭到了灭族。不过中兴府的军民倒是幸运地得到了蒙古将领察罕的保护，没有遭到屠杀。历史上曾经繁荣一时的党项族政权——西夏王朝，就这样被蒙古大军消灭了。

西夏在中国历史上存在了 189 年，创造了极其辉煌的西夏文明。在今天的西藏甘孜地区，有西吴王的传说，据说是党项族拓跋姓贵族们带领着西夏的残余力量逃到了藏区，在那里重建了国家，称为西吴王国，以此作为党项族的延续。

知识链接

西夏文明

早期的党项人没有文字历法，崇拜天神，崇尚白色。他们以姓为部落，尚武而勇猛，有仇必报，非常团结。

西夏建国后，党项族的势力不断发展。他们笃信佛教，佛教文化艺术十分著名。由于多种文化在这里相互交流汇合，西夏文化受到中原汉族文化、北方草原文化以及西方文化的影响，形成独具特色的文明。

闯关小测试

1. 西夏的开国皇帝是（　）

A. 李继迁　B. 李德明　C. 李元昊

2. 西夏最辉煌时的皇帝是（　）

A. 夏毅宗李谅祚　B. 夏崇宗李乾顺　C. 夏仁宗李仁孝

3. 西夏是被哪个国家灭亡的？（　）

A. 蒙古　B. 金　C. 宋

参考答案：1. C　2. C　3. A

女真帝国

由于不堪忍受辽统治者的压迫，女真族首领完颜阿骨打带领着族人起兵反辽，最终将辽彻底消灭。

金从建立之初，统治者便当上了英勇无畏的“冒险王”，在刀锋上铤而走险。

金戈铁马，刀锋对决。这之后，金的历任统治者似乎对武力都有一种天生的情愫。

不过武力并不是解决问题的最终途径，杀戮与战争不利于经济发展，也最终将金推向灭亡的深渊。

白山黑水女真族

在我国东北，沿着巍峨的长白山脉和富饶的黑龙江流域，有一支叫做“女真”的少数民族在那里繁衍生息。相传女真族的祖先是肃慎族，也就是今天满族的祖先。肃慎的生产方式以捕鱼和狩猎为主，后来逐步开始了农耕和畜牧。肃慎到了隋唐时期被称为靺鞨，待历史发展至辽时被称为女真族。

这一时期女真的主要生产方式依旧是狩猎，使用的主要工具就是弓箭。在每年的春季和秋季，女真族的青壮年猎手们就会骑着他们的高头大马，背着弓箭，进入山林中猎取野兽。在打猎结束后，便以猎物的毛皮制作服装、鞋帽等，同时换取中原的各种生活必需品。因此马匹对于女真族来说是非常重要的，如果一个

女真人生性彪悍，并且很能吃苦。他们行军打仗时就用碎米粉调成糊糊喝，连续一周也只喝四五升，风餐露宿更是寻常事

女真家庭养了许多马，说明这家非常富裕。

女真的部落大约有数十个，在这些部落中，姓完颜的部落比较强大，属于唐时黑水靺鞨的直系子孙。大约在公元 11 世纪的时候，完颜部落首领完颜绥可带领着族人过上了定居生活，居住在今天哈尔滨市的阿什河附近。

完颜部的祖上据说以采集珍珠作为经济收入方式，迁徙至阿什河后，他们建起了房屋，进行农耕和冶铁，还精通制造船只等水上交通工具，经济实力较其他

部落更加强大。尤其是冶铁业的发展，除了令生产工具得以大幅改进，提高了生产效率之外，还能够利用铁制造出坚硬的盔甲和武器，这对于女真族完颜部的军队建设具有巨大的推进作用。因为有了更加强大的武器，在与其他部落争夺地盘的过程中就能占优势，面对外敌入侵，胜算也会更大。

从姓氏的角度上来说，完颜氏本就是女真族中最为古老且高贵的姓氏。女真族姓氏种类很多，以白号姓氏和黑号姓氏作为区分。像许多少数民族一样，女真族以白色为贵，因而白号姓氏比黑号姓氏更加高贵，而完颜氏在白号姓氏中最为高贵。在女真语中，完颜的意思就是“王者”。

要说女真族中的完颜氏一支，也确实算是人才辈出。除了带领着大家建立家园的完颜绥可外，还有通过战争将周边部落征服，建立了部落联盟的完颜石鲁。完颜石鲁死后，他的儿子完颜乌古乃继续带领大家征战，扩大了部落联盟的实力，为女真日后走向繁荣打下了坚实的基础。

完颜乌古乃带领着自己的部族，先是将女真族的白山等五个部落征服，然后在与其他部族征战的过程中，完颜乌古乃依附于辽国，帮助辽打了不少胜仗，使得辽国皇帝觉得完颜乌古乃带领的女真人对自己很忠诚，于是封完颜乌古乃为节度使。不过完颜乌古乃心里清楚，女真人和契丹人并不是同一民族，说什么时候翻脸就会翻脸。因此，为了保证女真人的独立，完颜乌古乃只接受了辽的官职。

知识链接

女真“生”“熟”之分

辽对于女真的管理，采用了“分治”的方式。有一部分女真人跑到了当时的契丹国，这部分人多数是女真族中实力较为强劲的宗派，辽对他们在户籍上给予编制，称为“熟女真”；那些依然留在原地没有迁徙的女真人，在户籍上没有加入辽，辽称其为“生女真”。

事实上，生女真中的大部分族人就是唐朝时期黑水靺鞨的子孙后代。

除此之外，辽还采用了分地段设置王府和兵马司的方式治理女真，通过加强行政和军事管理，起到约束和管理女真族的作用。

不过从完颜乌古乃开始，女真人渐渐走向文明。他们在历史上开始有了纪年，也更多地参与到辽的军事、政治当中，这更是加速了女真人的文明进化。完颜乌古乃的儿子完颜劾里钵，也就是完颜阿骨打的父亲即位后，和自己的弟弟完颜盈歌一起努力，继续扩大部落联盟的力量，此时他们已经将女真族的 30 多个部落纳入自身统治范围内，建立了一个初具规模的部落联盟。等到完颜乌古乃的孙子完颜阿骨打当上部落联盟酋长时，完颜氏的势力已经非常强大了。

▲ 金 · 铜坐龙

不过部落联盟越大，其内部就越不团结。总是有许多自视甚高的族人想要当上最高领导人，掌管部落联盟的军事和行政大权。因此在部落联盟内部经常发生各种争斗，各部时常打得你死我活。因而完颜阿骨打上任的首要任务就是统一女真各部。不过如果仅仅是这样，他的最高领导人宝座也未必能够坐稳。因为女真依附于辽，辽始终控制着女真，所以完颜阿骨打的后续任务便是想方设法对抗辽国。

知识链接

辽时女真族

契丹族将靺鞨称为女真，辽兴宗耶律宗真统治时期，为了避讳皇帝名字里那个“真”字，将“女真”称为“女直”。

辽时女真族在我国东北分布非常广泛，最北可以达到我国黑龙江流域，最南达到了今天的中朝边界鸭绿江和长白山附近，最东边已经到达了日本海。辽太祖耶律阿保机在攻打渤海时，女真人归附了契丹。这样，女真向辽称臣，与辽之间形成了依附关系。

头鱼宴

据说在辽道宗耶律洪基统治时期，有一次天上突然出现奇异的景观，在东边的天空上绽放出了巨大的五彩祥云。于是有擅长观天象的人断言，一定是东边有位承载着天命且能够改变世界的人诞生了。

从客观的角度来看，这应该是一个离奇的传说，不过传说中所指的那位与众不同的人物确实改变了世界——他就是创建了大金帝国的完颜阿骨打。

完颜阿骨打是完颜劾里钵的二儿子，从小就力大无穷，并且非常聪明，深得父亲的喜爱。不仅如此，完颜阿骨打还很擅长射箭，他能射中距离很远的目标。最厉害的是，完颜阿骨打能征善战，在战场上非常勇猛。

有一次，完颜劾里钵讨伐窝谋罕，当时只有23岁的完颜阿骨打随父亲出征，他身上只穿着一件精干的短甲，连头盔都没有戴，更没有骑马，就勇敢地上前指挥军队作战。

弓箭是游牧民族的必备工具。箭法高超的女真人，能猎取更多猎物，立下更多军功，因此，他们从小就刻苦练习射箭

还有一次，完颜阿骨打瞒着父亲，只身一人悄悄潜入敌营，不料被敌人发现，敌方带着很多兵力追击完颜阿骨打。这时的完颜阿骨打并不慌乱，他仔细观察周围形势后，发现旁边有一堵高墙。完颜阿骨打咬紧牙关，骑着马一下越过了高墙，最终摆脱了追兵。

▲ 完颜阿骨打

叔叔完颜盈歌也非常器重完颜阿骨打，叔侄二人的关系非常亲密。如果遇到完颜阿骨打远行，完颜盈歌总是会非常想念他，听说完颜阿骨打回来了，完颜盈歌必定要在第一时间去迎接阿骨打。

每次遇到重大战事，父亲完颜劾里钵和叔叔完颜盈歌都会听取完颜阿骨打的意见。

有一次，完颜盈歌带领一千名多士兵，随辽国军队一起去讨伐海里。完颜阿骨打见女真部众日益壮大，就很有信心地和完颜盈歌说：“我们女真人以后可以不用依附于辽，自己去独立应战了。”

辽国渤海留守见阿骨打作战勇猛，便拿出自己的铠甲送给完颜阿骨打，没想到完颜阿骨打竟然拒绝了。完颜盈歌问阿骨打，为什么不接受这件铠甲。完颜阿骨打指出，铠甲是军队的象征，要是我穿上这件铠甲，打了胜仗，说不清是我的军队打胜的，还是辽国军队打胜的了。完颜阿骨打的话，令完颜盈歌大受启发，随后他便赶紧着手统一女真族军队中的号令，完善军队的管理。

完颜阿骨打非常擅长治理国家，有一次部落遇到了饥荒，部中好多人被逼无奈做了强盗。父亲完

知识链接

金太祖陵

金太祖陵位于今天的黑龙江省哈尔滨市以南的阿城区，建于公元1123年，是金太祖完颜阿骨打的陵墓。金太祖陵占地面积达5.1公顷，历史上将其称为斩将台，被誉为“金源故地第一陵”。

颜劾里钵召集大家商议对策，有人主张用严刑峻法对强盗加以管理，但这样只会激起灾民更加强烈的反抗。完颜阿骨打则认为部众就是因为吃不饱饭才去做强盗，于是完颜阿骨打建议父亲减免部众的赋税。这一下使得很多女真族纷纷前来归顺。

当时的女真族臣服于辽，畏惧辽国的军事实力，所以作为女真族的领导者，完颜阿骨打的父亲和叔叔不得不对辽国委曲求全。可是完颜阿骨打却和父亲、叔叔持不同意见，他对辽国丝毫没有畏惧。

辽道宗时期，完颜阿骨打曾到辽国去觐见皇帝。当着辽道宗的面，完颜阿骨打与辽国一位有权有势的贵族下棋。这位贵族走错了棋想悔棋，完颜阿骨打就是不同意。这使辽道宗非常生气，周围的人都劝辽道宗杀掉完颜阿骨打。可是由于辽道宗根本没有把女真族放在眼里，觉得自己应当对这样的民族表示友好，便饶过了阿骨打。使得完颜阿骨打幸运地逃出了鬼门关。

只是愚蠢的辽道宗没有意识到，他亲手放过的阿骨打，却是后来将整个辽国抛入灭亡深渊的人。

完颜阿骨打除了下棋这次逃过一劫外，还有一次就是辽天祚帝时期的“头鱼宴”。

根据当时的传统，春天到来，冰雪初融的时候，正是开河捕鱼的大好时机。辽朝皇帝在这个时候就要带领着大批人马外出，去捕这初春开河后的第一条鱼，即“头鱼”，图个好兆头。皇帝捕获了头鱼，自然是件让人高兴的事，于是便要大摆筵席，请大家喝酒吃鱼，载歌载舞庆祝。

辽天祚帝向来喜欢玩乐，捕头鱼这样闲情逸致又有吉祥寓意的美事，自然不会错过。于是天祚帝就带着随行队伍来到了今天黑龙江肇源县以西的松花江畔捕鱼。这里恰恰是女真族的地盘，于是天祚帝就把女真族的酋长们都叫来，美其名曰请人家喝酒，但更多的是想要显示大辽国的派头。天祚帝喝酒喝到了兴头上，就让这些前来朝见他的女真族酋长们为自己跳舞。这样被契丹族皇帝命令着跳舞，酋长们心里都不舒服。不过在辽强大国力的压制下，

知识链接

勃极烈辅政制

完颜阿骨打称帝后，原先的部落联盟制度被废除，部落联盟时期使用的“国相”制度也跟着被废除。金随后在政治上使用了“勃极烈”辅政制度，即在皇帝之下设立四位勃极烈，组成了最高统治机构。

这样就打破了过去大家聚集在一起商议国家大事的习俗，每位勃极烈分管不同的国家事务，遇到军国大事，四位勃极烈帮助皇帝出主意，极大地提高了金中央政权的办事效率。

没人敢对天祚帝说“不”，除了当时已经当上女真族完颜部首领的完颜阿骨打。

女真族酋长们在“头鱼宴”上依次为天祚帝跳舞，轮到完颜阿骨打的时候，他却说自己不会跳。天祚帝知道，酋长们都是女真族中的佼佼者，不可能不会跳舞，于是生气地坚持要让完颜阿骨打跳舞。谁知天祚帝越是坚持，完颜阿骨打越是拒绝，就是说自己不会跳舞。

弱国无外交，古往今来倚强凌弱的事件屡见不鲜，后来的金国对待宋朝也是很傲慢

辽天祚帝想到自己是堂堂大辽国的皇帝，完颜阿骨打一个小小的女真族部落首领，竟然这样不给面子。天祚帝气急败坏，大手一挥，想要命人把完颜阿骨打给杀了。可偏偏天祚帝身边的奸佞之臣萧奉先“救”了完颜阿骨打。他劝天祚帝，说辽国势强大，皇帝没必要为完颜阿骨打这样的小人物坏了出游的兴致，还是应当开心玩乐。萧奉先还说，就算完颜阿骨打日后反叛也不怕，辽军能在短时间内把他消灭。昏庸的天祚帝就这样听信了萧奉先的谗言，留下了完颜阿骨打的小命。“头鱼宴”不欢而散，没想到天祚帝将完颜阿骨打的小命这一留，还真留下了祸患。

完颜阿骨打才德出众，从他在“头鱼宴”上对辽的态度，就可以看出其想要带领女真族反抗压迫、谋求独立的苗头。完颜阿骨打不想做一个任凭辽摆布的女真族部落首领，他早就看不惯契丹族对女真族的种种劣行了。既然两次逃脱了被杀的厄运，完颜阿骨打便决定拿起佩刀，骑上战马，带领着自己的女真族人，在中华大地上干一番大事业。

知识链接

猛安谋克制

猛安谋克制是金朝军事与政治管理制度，其核心是军政合一，金朝前期和中期主要在女真族群体中实行。

金朝建国后，猛安谋克成为地方行政组织。金太祖统治期间，一猛安等于十谋克，一谋克等于三百户。猛安和谋克都是地方的行政以及军事主管。

▲ 金·耀州窑钱纹小壶

完颜阿骨打建金

辽天祚帝的昏庸统治，早就激起了女真族的不满。天祚帝命令女真族每年都要向辽进贡大量人参、马匹、蜜蜡等名贵特产。边境地区的辽国官吏，更是对女真族强抢豪夺，用低劣的物品到女真族市场上强行换走女真族很多名贵的物品。这都令女真族百姓生活苦不堪言，对辽统治者恨之入骨。

“头鱼宴”后，完颜阿骨打更是对辽天祚帝的昏庸和辽的衰落有所洞悉。况且在“头鱼宴”上死里逃生，这也更加坚定了完颜阿骨打起兵抗辽的决心。再加上完颜阿骨打当上部落联盟首领时，他已经有了雄厚的军事实力。

于是在得知辽国内腐败混乱后，完颜阿骨打大力修建防御工事，铸造好兵器，操练好军队，全部准备妥当后，便扛起了举兵反辽的大旗，向辽国宣战。完颜阿骨打带领着两千五百人的军队，祭祀天地后，誓师说，只要在战争中立功，平民能当官，有官职的能晋升，但是如果有人当逃兵，这人自己就算是死了，家属也要受到牵连。就这样，完颜阿骨打带领着士兵团结一致攻打辽军，而当时的辽事实上气数已尽，军队战斗力大不如从前，因而被完颜阿骨打的部队打得大败。

后来完颜阿骨打又使用笼络人心的计谋，向辽国内的渤海人和女真族动之以情、晓之以理地招降。完颜阿骨打实在是“攻心”的高手，他说女真人和渤海人源于同样的祖先，现在又都处于辽的压迫之下，大家与其大动干戈，不如同仇敌忾，推翻辽的统治才是正道。此时的契丹族因为当权者的种种残暴行为，已经非常不得人心，渤海人和女真人早就

知识链接

女真文字

金太祖完颜阿骨打命完颜希尹经过认真研究，参考汉字、契丹文字，创造了女真大字。这是金走向文明的标志。金熙宗则命人又创造出了女真小字。

女真大小字在金正式颁布后，成为金朝中央政权使用的主要文字，特别是撰写公文时都要使用。为此，金熙宗还命人专门在学校里对女真族文字进行系统的教授。

这样，在金境内，汉字、契丹文字、女真大字、女真小字都有广泛使用。这不仅使女真文明得到前所未有的发展，也推动了各民族的大融合。

对辽的残暴统治和压迫极其厌恶。完颜阿骨打又给出了大家本是同根同族的理由，加上承诺招降后会对其礼遇，因而完颜阿骨打的招降策略大获成功。完颜阿骨打的女真族部队凭借这次战争，获得很多财物，发了一笔战争横财后打道回府。

此前辽朝统治者两次饶了完颜阿骨打的性命，这次他举兵反辽，威胁到辽的统治，天祚帝意识到了事态的严重性，于是派兵讨伐完颜阿骨打。可没想到辽军到达女真地界，连河还没过，就遇到了早就准备好迎战的完颜阿骨打军队。当时辽军有七千多人，而完颜阿骨打的女真族军队只有三千七百人，差不多只有辽军的一半兵力。

为了打敌方一个措手不及，完颜阿骨打趁着夜色带兵过河，辽军与完颜阿骨打的女真族军队在今天黑龙江肇源西南的出河店大打出手。这时，完颜阿骨打的军队也就只有一千二百多人，不过恰好老天爷为完颜阿骨打帮忙，天空中刮起大风，到处都是沙尘，辽军在这种沙尘天气里，实在是难以坚持作战。完颜阿骨打带领着士兵，借着天气和地势的便利，顺利打败了辽军。

凭借这次作战，完颜阿骨打不仅缴获了辽的大量精良武器和车马，更重要的是，许多战争俘虏被他收编成了士兵，完颜阿骨打的军队由原先的三千多人猛然发展到了一万人以上。

经过出河店之战，完颜阿骨打的女真族军队作战势头更猛。兵分多路，对辽展开全面进攻。一路上所向披靡，女真族士兵英勇作战，锐不可当，辽

知识链接

金朝军制

金太祖完颜阿骨打始终把握着金朝最高军事大权。金建国后，军队人数已经过万，在皇帝之下的国论忽鲁勃极烈，负责管理金朝军事。

在部队编制方面，各路军队分别由女真旧制的猛安谋克管理，军队编制更加系统化。

的许多地盘，包括宁江州、宾州等，都被完颜阿骨打的部队攻陷。

就在完颜阿骨打的部队将宾州攻下又将咸州攻下后不久，完颜阿骨打受到众人拥戴，于1115年称帝，建立了大金帝国，金都城位于今天哈尔滨阿城区南郊的会宁府。

完颜阿骨打就是金朝历史上的金太祖。

护步答冈转折之战

完颜阿骨打称帝后，还有一件大事没有完成，那就是灭辽。完颜阿骨打对辽痛恨至极，因而他登上皇位后，并没有被帝王的荣耀迷乱了心智，而是继续带领着女真族士兵与辽抗衡。

正是因为金军管理得当，训练有素，再加上主帅精通作战指挥，善用谋略，因而在出河店一战面对辽的大军时，能够以少胜多。不过随后，刚刚称帝的完颜阿骨打便带领着自己的部队向辽黄龙府挺进。

黄龙府位于今天的吉林省农安县。完颜阿骨打建国后之所以选择首先攻打黄龙府，是因为辽的国库在那里。如果完颜阿骨打能直捣辽国库，获得无数金银财宝的同时，也会对辽造成致命打击。

不过恰恰是因为辽的国库在黄龙府。那里内城外城都固若金汤。非常善于带兵打仗的完颜阿骨打

分析作战形势后发现，这里绝对不可以硬攻，否则一旦辽派兵来支援，金必定伤亡惨重。

最后完颜娄室向完颜阿骨打出了一条妙计，先派兵将黄龙府外围的军队打败，将辽的援兵彻底断绝，然后金军围困黄龙府。

就这样，在没有任何辽兵来援的情况下，黄龙府被金军围困了几个月后实在坚持不下去了。黄龙府城内缺衣少粮，主帅耶律宁也天天担惊受怕。完颜阿骨打见强攻时机已经成熟，于是带着金军对黄龙府展开猛烈攻势。黄龙府中被围困了这么长时间的辽军早就没有了斗志，纷纷丢盔弃甲逃命，主帅耶律宁更是丢下黄龙府自己逃跑了。完颜阿骨打带领着自己的金军，就这样将辽的国库收入囊中。

一个国家，连关系到生存大事的国库都被其反叛势力占领了，这可是关系生死存亡的大事。辽天祚帝知道这个消息后，近乎疯狂，干脆将辽的全部兵力用在了讨伐金军上。天祚帝亲自披挂上阵，带领七十万大军，发誓要消灭完颜阿骨打的两万女真军队。从数学的角度来看，按照当时的兵力，完颜阿骨打的金国士兵一个人就要与辽的三十五人进行对打，胜算很小。

即便这样，完颜阿骨打也根本不害怕。金太祖完颜阿骨打对自己的大金国军队非常有信心，他认为战争不是打群架，仅凭人多就能取胜。自己的金军训练有素，军纪严明，士兵们个个对辽恨之入骨，因而斗志高涨，而辽天祚帝的军队，尽管人多，却如同一盘散沙，军心涣散，凝聚力缺失，军中更是

知识链接

王若虚

王若虚是金末元初著名学者，文学家，史学家，字从之，号慵夫，曾作为金朝使臣出使西夏。在金代做文官期间，参与《宣宗实录》编修，著有《五经辨惑》《滹南遗老集》《慵夫集》等。王若虚还与元好问一同为金国大将崔立撰写功德碑文。

没有可以独当一面的将相之才。

完颜阿骨打为了鼓舞金军士气，充分发挥了他善于笼络人心的才能，在自己的军队前放声大哭，痛斥辽国。完颜阿骨打说自己带领大家反抗辽就是为了让女真族人过上不被欺侮的好日子，在自己的国家安居乐业，可是天祚帝现在派兵来讨伐金国，完颜阿骨打愿带领大家与辽决一死战，如果有人觉得这样做只会白白牺牲，完颜阿骨打愿牺牲自己，让大家将其献给天祚帝，灭完颜一族，以保全其他女真族人。

将士们被完颜阿骨打的真情所感动，每个人都誓死要抗击辽军。金军虽然人少，但在阵前极其英勇。辽军人多，一拨接着一拨，被金军杀得血流成河。正在这时，老天爷又给了完颜阿骨打一个幸运的机

知识链接

金朝冶铁业

女真族自古擅长冶铁。金朝以云内州、真定府、邓州南阳等地为代表，冶铁业盛行。

在今天的黑龙江省五道岭，考古学家就发现了金朝铁矿井有十多处，包括采矿和选矿等不同地区，还有一系列的炼铁遗址。在金朝，铁制农具被广泛使用。

会。恰逢辽统治阶层内部出现分裂，许多贵族对天祚帝的统治表示不满，想要另立新帝。天祚帝本想凭借着自己强大的军事实力将完颜阿骨打彻底消灭，可是现在辽内部有人想取代他，没办法，天祚帝只好先撤兵去平息内乱。

聪明的完颜阿骨打怎么会放过老天爷赐予金的这个好机会，追着辽军一路猛烈进攻。在今天黑龙江五常以西护步答冈，金军士兵直接和辽军开打。金军最后将辽军彻底打败，天祚帝被打得狼狈逃跑了。

金与辽的护步答冈之战，消灭了辽军主力。如果说此前辽以军队人多占优势，那么此时，军队内能征善战的士兵已所剩无几。曾经强盛一时的辽，被金太祖完颜阿骨打的金军打得溃不成军，辽走向灭亡已经成为不可避免的趋势。完颜阿骨打的金国，却在多次对辽作战中优势尽显，实力越来越强劲，同时大金帝国也在向着更加强盛的方向发展。

知识链接

金朝银锭

铜在金地比较缺乏，用铜钱来充当货币，流通成本太高，因而金朝发行了纸币。不过，纸币的大量发行容易造成通货膨胀。金章宗意识到，如果想让金朝的经济稳定发展，就要选择一种稳定的材质来充当流通货币。于是，他选择了银锭。

金章宗从法律形式上规定了银锭流通货币的等级，使金朝相对混乱的经济形势有所好转。

金出兵灭辽

金在黄龙府和护步答冈之战中都大获全胜。辽丢失了国库又损失大量兵力，这令渤海的高永昌也想要起兵抗辽。可辽天祚帝只是临时募集了一些兵马，对其进行镇压，就把高永昌吓得跑去向完颜阿骨打寻求支援。不过完颜阿骨打可不想与他建

立盟友关系，他不仅不提供支援，还派兵把高永昌的反叛势力给消灭了。这从表面上看似乎是完颜阿骨打帮了辽天祚帝一个大忙，镇压了一股反叛势力，可从实质上来看，完颜阿骨打领兵占据了高永昌之前占领的东京州县，原本属于辽的疆土现在归金所有了。

金的这一举动体现了完颜阿骨打不仅想要在自己的地盘上谋求独立，他还有着更加远大的目标，即将辽灭掉，报契丹和女真两族结下的世代冤仇，当然，更重要的是统一中国北方。

这之后，金军出兵攻占了辽统治下的数个州县。辽见金已经非常强大，以武力与之对抗行不通，于是派出使者想要和谈。辽表示出了极大的诚意，甚至要册封完颜阿骨打为“东怀国皇帝”。向来痛恨辽的完颜阿骨打自然是不予理会，认为辽只是在拖延时间，如果金向辽臣服，则早晚会被辽灭掉。不过完颜阿骨打倒是对北宋比较友好，面对北宋派来的使者，能够礼遇。北宋想要与金合力攻打辽，完颜阿骨打接受了这个提议，与北宋订立了“海上盟约”，在派兵攻打辽上京的时候，还让北宋使者一同前往。

在辽上京城外，威武雄壮的金兵整装列队。完颜阿骨打坐在龙车上亲自指挥部队，金军在清晨对辽上京发起进攻，仅半天时间就将其拿下。此时的金早已今非昔比，辽的半壁江山已经被金占领，上京城内逃的逃，降的降，就连曾经君临

知识链接

金朝陶瓷业

金朝陶瓷以白釉黑花装饰的瓷器为主，器物包括有壶、瓶、碗、盘等。在金朝非常著名的陶瓷窑有河北曲阳的定窑，河北磁县的磁州窑，河南禹县的钧窑，陕西铜川的耀州窑。

▼ 磁州窑白地黑花马戏图枕

天下的辽天祚帝，这个时候也只得逃出辽上京。

又过了一段时间，完颜阿骨打得知辽国内已经一片混乱，他认为此时对辽用兵是夺取辽疆土的最佳时机，于是再次派出女真军队，想要灭辽统一北方。金军与辽英勇对战，终于将辽中京也攻陷。天祚帝又开始逃跑，他逃到哪儿，金军打到哪儿，对天祚帝一路穷追猛打。就这样，辽西京也被金军攻陷了，并且金军又拿下了辽的多个州，就差活捉天祚帝了。

金军乘胜追击，完颜阿骨打亲自挂帅，继续追打天祚帝。谁知天祚帝的逃跑技术一流，在金军的围追堵截下，竟然还是给逃了。不过金军在追打天祚帝的过程中，又将辽的很多领土收归已有，辽的地方官也纷纷来投降。放眼北方广袤

的土地，事实上此时大部分疆土已经在金的统治之下了。

不过话说回来，辽天祚帝确实太能跑了，直到金太祖完颜阿骨打因病去世，也没有把他捉住。完颜阿骨打去世后便由他的弟弟完颜晟继承了皇位，也就是历史上的金太宗。然而天祚帝在干什么呢？他越过沙漠，艰难向西逃跑，逃到了今天的山西省怀仁县附近，终于被完颜娄室活捉押送回金。

金与辽之间大约展开了 5 年之久的战争。从金派兵进攻黄龙府，到最后将辽彻底消灭。金占据了天时、地利、人和等多个有利条件。当然金灭辽能够如此迅猛和彻底，也源于女真族对辽统治者常年积压的怨恨，同时，完颜阿骨打作为一位杰出的领导者，充分显示了他的聪明才智，特别是在金军势单力薄的情况下，完颜阿骨打善于利用情感等多种因素，巧借时势，勇敢应战辽军，以少胜多。

> **知识链接**
>
> **海陵王词作**
>
> 海陵王完颜亮文学成就极其突出，被誉为是“一吟一咏，冠绝当时”。完颜亮的词作气度恢弘，字里行间充满豪迈的王者气派。他不仅引领了当时金朝文风，对南宋也有深远影响。
>
> 例如完颜亮早年给人题扇面，写道：“大柄若在握，清风满天下。”他的代表作《念奴娇·咏雪》，以苍劲的气度和无限想象力，成为上乘佳作。完颜亮的文学作品后来被金世宗大量销毁，因而流传下来的非常少，主要收录在《全金元词》中。

燕云十六州

后晋时期，燕云十六州被后唐节度使，也就是后晋皇帝石敬瑭，拱手献给了辽。这之后，北宋一直在想方设法将这一地区收回，但始终没有成功。金灭辽的过程中，在一旁观战的北宋政府仿佛看到了好机会。北宋觉得，金可以那么迅雷不及掩耳地击退辽军，作为中原大国，北宋自然也能将辽打得落花流水。因此当时的北宋皇帝宋徽宗便和大臣商议，决定向金派出使臣，表示愿意出兵与金合作消灭辽，同时想将之前后唐节度使石敬瑭拱手献给辽太宗耶律德光的燕云地区收复。

宋徽宗多次向金示好，在北宋使节出海与金谈判的努力下，最终金与北宋订立了历史上有名的“海上盟约”。双方达成协议，金与北宋地位平等，双方谁都不归属于谁，双方要合作攻打辽国。金负责攻打辽中京，北宋负责攻打辽南京，即被石敬瑭献给耶律德光的燕京。协议中还特别规定了，辽灭亡之后，宋收回原本属于自己的燕云地区，西京则等到抓住辽天祚帝后划入北宋疆土；宋每年不再向辽进贡钱财，转而把这些钱财进贡给金。

北宋政府为什么这么重视燕云地区呢？主要是因为这一地区在战略位置上极其重要。燕云十六州，也叫作幽云十六州，包括今天我国的北京和天津、河北、山西北部的部分地区。燕云地区有太行山脉，从军事作战角度来看，便于防守，敌人不容易进攻，这足以成为我国中原与北方少数民族之间的一道天然屏障。

北宋如果占据了燕云十六州的有利地形，充分发挥中原士兵善于防守的作战能力，北方少数民族想要出兵进攻中原就不那么容易了。后晋皇帝石敬瑭将燕云地区拱手让给了辽，这不仅扩大了辽的疆域，更为严重的是，中原失去了燕云地区的保护，北宋政权就这样被北方少数民族政权威胁着，处境非常被动。

金从完颜阿骨打建国开始，在外交、军事、治国等各项策略方面事实上是非常灵活的。关于燕云地区的归属问题，金虽然与北宋有约在先，结果北宋对辽作战失利，让金看到了其日渐虚弱的国力；另一方面，金凭借战争开疆辟土的同时，也在时时处处不忘记发战争财，抢夺、劫掠都是寻常事。

因而当金灭辽成功，看到燕云地区土地这么富饶，人民又这么多才多艺，又不肯轻易把燕云十六州归还给北宋了。

因此金在需要按照约定将燕云十六州交给北宋的时候，先卖了很多关子，不想履行约定。经过北宋与金的多次谈判，金从北宋那里获得了绢、银子、租税等很多好处，很不仗义地将燕京城里的工匠、富人连同那里的金银财宝也都给带走了，等到都带回了金国之后，

才将一座空空如也的燕京城归还了北宋。

北宋政府费了半天劲，又是跨海与金商谈，又是送礼物，又是派兵支援，最终只是拿回了原本属于自己领土的一部分。在燕云十六州的问题上，北宋政府一直都在做赔本生意。从石敬瑭为自己的私利割让国土开始，后来的中原统治者们一直试图收复燕云十六州，组织了多次北伐，这其中著名将领杨业的故事，更是被后世演绎成了经典的《杨家将》。可确切地说，中原统治者们在处理燕云十六州的归属问题上，效果都不理想。一直到“海上盟约”，再到后来金将部分燕云地区归还给北宋，虽然燕云地区的归属问题在一定程度上得到了解决，不过解决得并不彻底，也给后来金与宋之间的外交关系留下诸多隐患。

金与北宋之间，恰恰就是因为燕云十六州的归属问题，彼此矛盾加深。昔日携手抗辽的好朋友，这时开始反目，金与北宋之间的战争也即将开始。

知识链接

杨业

杨业是北宋名将，他骁勇善战，屡屡立下战功，人称“杨无敌”。杨业在北伐辽国时，因为接应的援军撤退而战败被俘。后来，他绝食三天而死。

金灭北宋

金灭辽的时候，金对辽屡战屡胜，北宋协助金灭辽，但是对辽屡战屡败。此时的北宋，在金看来已经弱不禁风。既然金能打败曾经繁盛一时的辽，那么消灭辽的手下败将北宋，也自然不在话下。因而从金与北宋对战之初，金便始终占据着绝对优势，

北宋则一直处于劣势，北宋皇帝委曲求全到最后搭上了整个国家。

金向北宋用兵的时候，正值金太宗完颜晟统治时期。完颜晟是金太祖完颜阿骨打的同胞兄弟，在完颜阿骨打建金时，完颜晟曾带领着大臣们力挺自己的哥哥。

金建国后，为了让完颜阿骨打能够专心灭辽，完颜晟更是负责帮助兄长全权料理国事，把金国的军事、政治都打理得井井有条。完颜晟可以说是完颜阿骨打建国和治国的得力助手，也被大家视为皇位的理想继承人。

▲ 金太宗完颜晟

金太祖完颜阿骨打逝世后，完颜晟继位，他继续坚持哥哥完颜阿骨打的外交路线，将辽彻底消灭，同时接受了西夏的归附。对于奚族等北方少数民族，完颜晟又是出兵，又是劝降，几乎将北方的所有反叛势力平复，令金最终在我国北方站稳了政治脚跟。

紧接着，在金太宗完颜晟的带领下，金准备向北宋发起全面进攻。金太宗为攻打北宋找了个理由，声称北宋收留叛金将领张觉，于是派出了金朝两员重量级大将完颜宗翰和完颜宗望，兵分两路，从西面，也就是今天的山西大同开始，进攻太原，从东面，也就是今天的河北卢龙，进攻今天的北京市。完颜宗翰和完颜宗望在金太祖时期就屡立战功，在金建国和灭辽时做出了突出贡献。

完颜宗翰十几岁就在女真族军队中有了很高的威望，带兵打仗出了名的英勇。当年决定攻打辽，完颜宗翰当机立断，坚决支持完颜阿骨打。后来在

知识链接

金朝编纂《辽史》

在耶律俨集成的《皇朝实录》基础上，金朝两次编纂《辽史》。第一次是在1148年完成，也就是金皇统年间，由耶律固和萧永祺等编纂完成。第二次是在1207年完成，由耶律履和党怀英等开始编纂，陈大任最终完成，历史上被称为陈大任《辽史》。金所修《辽史》均未刊行，直到元朝末年，元修《辽史》才最终面世。

▲ 完颜宗翰

完颜阿骨打称帝这个问题上，完颜宗翰也是带领着女真族人劝说完颜阿骨打必须抓住时机，赶紧称帝，也只有称帝，才能让大家齐心协力与辽对抗。完颜阿骨打听从了完颜宗翰的意见，并且在他带兵配合下，共同击败了辽国。

至于完颜宗望，他是完颜阿骨打的二儿子。由于完颜宗望智勇双全，深得父亲宠爱，因此完颜阿骨打每次带兵打仗，几乎都带着他。完颜宗望也非常给力，为完颜阿骨打多次立下战功。在追击辽天祚帝的过程中，许多女真族将士都感觉非常疲惫，但唯独完颜宗望坚持追击，与后援部队配合，夹击敌人。可以说，在战场上，无论是勇气，还是毅力，完颜宗望都极其出众。后来完颜阿骨打要对他论功行赏，但完颜宗望却说，现在只是初战告捷，天祚帝还没有找到，我们女真族政权的根基也不够稳定，完颜阿骨打与其这个时候赏赐自己，不如到军中去慰劳前线将士。完颜阿骨打听从了完颜宗望的建议，后来就连迁徙西南招讨司诸部路线，也是完颜宗望给出的合理化建议。

应该说，完颜宗翰和完颜宗望这两员大将，在与骁勇善战的契丹人作战时，都是常胜将军，更何况辽的手下败将北宋。

金的两路大军浩浩荡荡向中原进军。当时守卫的北宋官员郭药师不仅向金投降，还帮助金军渡过黄河，来到了北宋都城所在地汴京，也就是今天的河南开封。金军把汴京团团包围，当时的皇帝宋徽宗吓得不行，为了保住性命，连皇位都不要了，马上让他的儿子赵桓继位，即宋钦宗。宋徽宗自己则向南逃跑了。

北宋显然气数已尽，即便是宋钦宗当上了皇帝，对于挽救整个国家也无济于事。眼看金军要打到自己的皇宫内了，宋钦宗提出将太原、中山、河间这三个地方割让给金朝，同时增加每年向金进贡的钱财，即岁币。金宋双方订立了“城下盟约”。作为皇帝，宋钦宗连国家的疆土都不要了，他向金奉上了如此可口美味的利益大餐，金才答应从汴京收兵。可是在中原的其他地方，金军进攻的脚步依旧没有停歇，北宋各地纷纷传来战事告急的消息，金军一路所向披靡，北宋军队总是打败仗。

眼看北宋如秋后的蚂蚱，根本就蹦不了几天了，于是没过多久，金太宗又开始发兵。完颜宗翰和完颜宗望再次密切合作，比拼着追击北宋军队，想要比比看，谁能先把北宋拿下。这一次完颜宗翰成功占领了太原，完颜宗望大军围困汴京后，与完颜宗翰会师，金军没用多久的功夫，便将汴京城给攻破了。

金朝使臣堂而皇之地步入北宋宫殿，去和北宋皇帝商量割地赔款的事情。最绝的是，金并不打算和北宋在皇宫里商量这些事，而是把宋钦宗赵桓带到了金军大营内。北宋皇帝被金兵团团包围，又是在金的营帐之内，无论金提出什么条件，北宋也没有可以拒绝的筹码了。无奈之下，赵桓只好答应将北宋的大量钱财、马匹送给金，还将黄河以北的地区割让给了金。

紧接着，北宋派出使臣，让当地官员向金投降。金几乎没用多少力气，就得意洋洋地将北宋不少地方收至自己的版图之下。这在北宋历史上，便是令中原军民刻骨铭心的“靖康之难”。

宋徽宗和宋钦宗在这之后，被金太宗完颜晟贬为平民百姓。为了不留下后患，金军班师回朝的时候，还把宋徽宗和宋钦宗也抓起来一起带走了。北宋就这样被金消灭了。后来宋高宗赵构建立了南宋，金军依旧采用以武力对抗的外交策略。不料宋高宗赵构很精通逃跑，甚至逃到了海上。金军善于骑马打仗，但是海上作战的经验并不丰富，因而只好作罢。南宋政权得以保全。

金军在入侵中原的过程中，对中原百姓大肆抢

夺、杀戮，南宋军民因此对金军恨之入骨。随着金与南宋之间战争的频繁发生，两国经济都受到了极大的打击，人民生活苦不堪言。于是后期中原大地上涌现出许多义军，他们对金军誓死抵抗，这些都为后来蒙古灭金创造了有利条件。

熙宗定制

金太宗完颜晟在位期间，基本上沿用了金太祖完颜阿骨打的治国思路。尤其是在对北宋的外交方面，金通过战争从北宋那里获得了大量好处。

可是随着金朝疆域的逐渐扩大，越来越多汉族人和地区被纳入到了金的统治之下，金太祖原先建立的制度与金的现实国情开始不适应。于是金太宗首先在其统治下的汉族人聚居区实行中原的管理制度，特别是燕云地区。包括后来采用科举制度选拔人才，用辽朝的旧制治理契丹人，在汉族人地区启用汉族官吏管理，同时对“南北面官”制度加以改革和完善，在金加以推行。金太宗还加强建设行政机构，完善中央政权的礼仪制度。

知识链接

离间计

离间计指的是使用各种方法来引起敌方内讧的计谋。这是一种早已在中国古代实践过的计策，被记载在兵法书籍上。

金在太宗完颜晟的统治下历经了13年，完颜晟去世前本想让自己的儿子继承皇位，可是金统治阶层的贵族和大臣们更加倾向于拥戴金太祖完颜阿骨打的孙子完颜亶（dàn）当皇帝。

于是金太宗逝世后，完颜亶顺理成章继位，就是后世所称的金熙宗。由于自幼就深受中原儒家文化的影响，加上部分金的旧制已经不再适应金的国家发展，因而金熙宗登

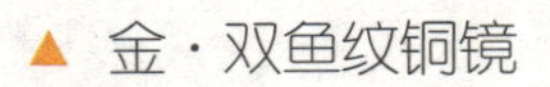

▲ 金·双鱼纹铜镜

基后主要着手对诸多国家制度加以改革定制。

特别是在礼仪制度方面，金刚建国的时候，皇帝和大臣之间如同亲密的战友和兄弟，礼仪尊卑不是很明确。这在大家团结合作打天下的时代适用，但是当金发展至皇帝成为国家的最高统治者时，皇帝与大臣之间如果没有明确的礼仪区分，那么皇帝权力的巩固和推行就会变得困难。

因而在金太宗时期就开始着手建立和完善金的礼仪制度，金熙宗完颜亶当上皇帝后，便决定详细制定金的礼仪制度。

几年之后，金熙宗在礼仪制度的改革方面已经卓有成效。金朝的礼仪制度，包括宗庙、祭祀、尊号等，都有详细规定，金熙宗还为完颜劾里钵等在完颜阿骨打建国之前的领导者们追谥了帝王称号。

有明确、完善、详细的礼仪制度可以遵守，金朝从王公贵族到文武百官，都变得彬彬有礼起来。当然更重要的是，皇权被无限推崇，皇帝成为礼仪制度中的核心人物，受到最高崇拜。

金太祖时期的勃极烈制度，到了金太宗时期，勃极烈的职能已经仅局限在对国家的军政事务做最高决策和审议了。金熙宗当上皇帝后，则将勃极烈制度废除，参考了辽和北宋的官制，设立了太师、太傅、太保三师和尚书、中书、门下三省。

金熙宗在全国颁布了新制定的官制，金朝的官员管理因此变得井井有条，由于这是在天眷年间推行的制度，因而在历史上也称天眷官制。

知识链接

金人的墓葬

金代厚葬之风盛行，许多显贵和地主的墓室以砖为饰，墓葬非常精美。在现代已经发掘出的许多金代墓室中，墓室的雕饰豪华繁复，大多都是仿木结构。

墓室砖雕流行，砖雕俑和仿木结构建筑得到有机结合。从这些精美的墓葬中可以得知，金末的墓室装饰艺术已达到了很高水平。

与此同时，金开始大兴土木，对金上京的皇宫进行扩建。金国宫殿变得更加气派，无论是水路还是陆路交通，都比从前更加发达。借着灭辽和灭北宋的战争充盈了国库之外，熙宗还鼓励少数民族与汉族人杂居，以此来发展农业生产。

金太宗时期，牛头地授田制在女真族的猛安谋克中间实行。这一制度存在的弊端在于，授田没有数量限制，对于赋税也没有明确规定，因而在管理方面比较混乱。

金熙宗时期采用按户来给百姓授田的方式，为了鼓励农耕，还会用衣物和马匹来资助从事农业生产的百姓。遇到打仗，政府也会给百姓发放补给。这样金便有更多百姓愿意从事农业生产，金的经济在中原文化的影响下得以迅速发展。

外交方面，金熙宗时期金与宋之间的关系逐渐开始走向和平，并最终实现了议和。其实当时，南宋已经在抵抗金朝的道路上取得了一定的成就。金于 1140 年对南宋发兵，先是在顺昌败给了南宋军队，后来又被岳飞带领的岳家军打得丢盔弃甲。

没想到南宋皇帝赵构听信奸臣秦桧的谗言，决定与金议和。韩世忠、岳飞等人的军权被解除，岳飞含冤入狱。就这样，宋臣服于金，金与宋最终达成了“皇统议和”，金获得了南宋的割地、银两和丝绢等。后来在金的主导下，秦桧更是凭空编造出“莫须有”的罪名将岳飞杀死。

南宋委曲求全地维系着自己摇摇欲坠的统治，这却令金与南宋在随后 20 年左右的时间里没有再大动干戈，金国百姓休养生息，金国军队得到了休整，极大程度上促进了经济建设。

金熙宗的皇后裴满氏原本是贵妃，后来由于受到熙宗的宠爱，裴满氏当上了皇后，她的父亲、祖父、曾祖父都跟着升官发财了。这也令裴满氏的家族在金国势力日渐壮大。

完颜亶虽然在治理国家方面取得了不少杰出的成绩，不过这些都有赖于完颜宗

知识链接

皇统议和 = 绍兴和议

皇统议和，又称绍兴和议，是金宋战争时期的一次重要议和，这次议和使金军在不利的情况下赚取了最大的利益。这次议和的签订导致岳飞被杀，金宋对峙局面正式形成。

▼ 金 · 韩湘子砖雕

翰、完颜宗干、完颜宗弼等开国功臣的辅助。可是随着这些人相继去世，皇后裴满氏仗着自己的家族势力，频繁插手国家大事。这令很多金朝大臣都感到非常害怕，以至于裴满氏在金国朝堂之上更加专横跋扈。

裴满氏为当时只有 24 岁的金熙宗生下了一个可爱的小皇子，取名完颜济安。想到完颜家皇室这么快就后继有人了，金熙宗非常开心，赶紧着手将完颜济安立为皇太子，将他视为自己的皇位继承人来培养。可没想到，完颜济安还没长到 1 岁就很不幸地夭折了。

▲ 金·木雕观音菩萨像

皇太子完颜济安死后，金熙宗一直没有再立太子，金朝统治阶层内部开始出现骚动。皇后裴满氏因为儿子没了，变得对权力更加着迷，几乎想要将金熙宗全面控制起来。

金熙宗被皇后裴满氏处处牵制，心不甘情不愿地成了“妻管严”，这让他实在郁闷，于是金熙宗开始借酒浇愁。

每次喝酒后，他经常借着酒劲儿残忍杀戮身边的妃嫔，最后竟然把皇后裴满氏也给杀了，金熙宗的后宫也因此变得一片混乱。

完颜宗弼逝世后，金熙宗更是饮酒无度，以至于金朝统治阶层很多贵族对他感到不满。终于，完颜阿骨打的孙子完颜亮，联合众人将金熙宗刺杀而死，完颜亮自立为皇帝，成为金朝的海陵王。金熙宗死时正是能够干一番大事的而立之年。

完颜亮夺位

完颜亮是金开国功臣完颜宗干的二儿子。年少时期的完颜亮便展现出了与众不同的领导者气质。他身材伟岸，头脑聪明，非常喜欢学习，尤其对中原博大精深的汉文化非常偏爱。完颜亮有一张巧嘴，表达能力极佳，热爱诗词歌赋，喜欢与金的汉族文人雅士交往。不过这在完颜宗干的养子金熙宗看来，却是令人害怕的事情。

金熙宗完颜亶的亲生父亲是完颜阿骨打的二儿子完颜宗峻。完颜宗峻在金灭辽过程中受伤，最终去世了，完颜宗干就把完颜亶收为养子。金熙宗完颜亶担心完颜亮的才学会高过自己，又是完颜宗干的亲生儿子，他日势必威胁到自己的皇权，因而一直没怎么重用他。

不过是金子总会发光。完颜亮不满二十岁就跟随完颜宗弼大军带兵打仗，积累了不少管理和战争经验。皇统年间，金熙宗让完颜亮回到了金都城上京，一面让他帮助自己处理国家大事，一面对其密切观察。

要说完颜亮这个人，不仅智商高，情商也非常高，很会为人处世。完颜亮表面上对金熙宗忠心耿耿，暗中则让支持自己的大臣在金中央政权中担任如兵部侍郎等相当于今天国防部领导者的重要职务。金

知识链接

印钞铸钱

金朝立国以后相当长的一段时间内，都没有铸造自己的货币，而是沿用宋朝和辽朝的货币。直到公元 1154 年，完颜亮才设置专员来印刷和管理交钞(纸币)的事务。

公元 1157 年，金朝正式开始铸造自己的铜钱。次年，“正隆元宝”发行并流通使用。

熙宗并没有察觉到完颜亮对自己皇位的觊觎，相反，通过谈话、共同讨论国家大事等表面形式，金熙宗因完颜亮每次都态度诚恳，渐渐放松了对他的戒心。毕竟是从小一起长大的自家兄弟，完颜亮的父亲完颜宗干更在金熙宗完颜亶失去亲生父亲的情况下将其养大，念及所有这些情意，金熙宗更是加快了对完颜亮的提拔，让他当右丞相，后来又升职为太保，金三省的行政事务都由完颜亮管理。

▲ 完颜亮

就这样，完颜亮将金的军政大权一点点地掌握在了手中。加上他特别善于处理人际关系，随着自己地位的不断提高，获得了更多金朝上层贵族的青睐。

倒是金熙宗，脾气变得越来越坏，之后又多次滥杀无辜，非常不得人心。有一次完颜亮生日，金熙宗派人送去生日礼物，但是皇后裴满氏也送去礼物，金熙宗与皇后不和，于是让人把送给完颜亮的礼物又给拿了回来。后来金熙宗发现完颜亮让人更改自己的诏书，于是将完颜亮从都城贬到了汴京任职。不过金熙宗又不放心，后来还是把完颜亮召回了都城，让他待在自己身边。

可是经金熙宗这么一折腾，完颜亮谋反的决心就更加坚定了。当时金熙宗已经开始胡乱杀人，不少贵族已经产生谋反的念头，刚好有人向这些贵族引荐了完颜亮。身为完颜宗干的亲生儿子，又是金太祖完颜阿骨打的亲孙子，完颜亮比金熙宗完颜亶更加具备皇位继承资格。因而完颜亮打算废掉金熙宗，自己当皇帝的行动在紧锣密鼓进行着。

与此同时，为了让自己能够坐稳皇位，完颜亮

知识链接

金朝礼乐

金人占领汴京后曾多次把北宋宫廷收藏的图书、仪物、礼器等运往国内，学习中原的礼乐制度。金世宗在位时，朝廷专门设置了“详定所”和“详校所”来研究礼制和乐制。

此外，金朝还参考汉人的礼乐制度，根据实际国情制定了一整套比较完备的礼仪条令，此时金朝的礼乐制度已初具规模。

还利用离间计，诬陷金熙宗的那些亲生兄弟。当时有人在河南冒充皇帝的弟弟，称王称霸。金熙宗就开始怀疑自己的亲生弟弟完颜元。完颜亮一看，机会来了，马上跑到金熙宗那里，火上浇油般地对完颜元加以诬陷。

完颜亮派人布了一个局，对金熙宗派去调查完颜元的人严刑拷打，最终逼迫他一起诬陷完颜元，最后金熙宗相信了谗言，把完颜元给杀死了。不仅如此，杀

戮无度的金熙宗还将完颜查剌等其他亲兄弟也都给杀死了。

金熙宗因为这样的愚昧之举变得更加孤立无援。然而此时完颜亮的势力变得更加壮大。那些曾经被金熙宗责罚的人们，都站到了完颜亮的阵营中。终于，大家选了一个合适的日子，完颜亮带领着自己的亲信，来到金熙宗的寝宫。他们提前让人拿走了金熙宗的佩刀。金熙宗没了武器，就这样被完颜亮以及那些对金熙宗恨之入骨的人们给杀死了。

完颜亮因此夺得了皇位，当上了金国皇帝。完颜亮刚一登基，就大开杀戒，将许多完颜家的宗亲杀死，特别是金太宗的子孙。因为这些人大多在金的战略要地任职，手中掌握着很大的兵权。如果他们不满完颜亮的夺位，起兵造反，那么完颜亮担心自己会皇位不保，因而决定先下手为强。

杀到最后，完颜亮也有点杀红眼了，竟然连太后徒单氏也给杀了。完颜亮就这样倚仗皇权，开始滥用权力，其残暴程度与金熙宗相比，有过之而无不及。

不过，完颜亮虽然在金统治阶层大开杀戒，但在治理国家方面，却下了不少功夫。他鼓励百姓从事农业生产，加强了金的财政管理；废除严刑峻法，颁布了更有利于国家法律执行的《续降制书》。

完颜亮还有很深的文学造诣，有不少杰出的文学作品。他的诗作气概非凡，大有一番霸主气度。完颜亮的代表作《喜迁莺》《念奴娇·咏雪》等词作，

知识链接

完颜亮的文学造诣

完颜亮的诗词恢弘大气，立意非凡，饱含了囊括四海的雄霸之气。完颜亮参与文学创作，不仅引领了金国一代人的文风，也对南宋文学产生深远影响。

都流传千古，对于金代文坛乃至南宋都影响深远。可是后来金世宗当上皇帝，将完颜亮的文学作品通通毁掉，流传于世的少之又少。

迁都北京城

辽太祖完颜阿骨打建国时，将金都城定在了上京会宁府，也就是今天黑龙江省哈尔滨市阿城区以南的地方。那里现在有金上京皇城遗址，同时也是金上京历史博物馆的所在地。

可是随着金灭辽，又灭北宋，西夏也臣服于金，南宋则向金割让了不少土地。金的统治疆域变大了，皇帝在金上京处理国家大事，就显得不是很方便。当时人们出行多数时候要骑马，或乘坐马车，有时也坐船。金的都城在较为偏僻的东北地区，无论是递送公文，还是地方向中央运送物资，都很不方便。再加上有其他国家的使节来出使金国，想要到上京，也要走很远的路。这对于金的政治、军事和外交发展都很不利。

▲ 金·白釉剔花花鸟纹枕

除了这些客观因素外，完颜亮当上皇帝后，觉得金上京的宫殿等毕竟是金熙宗修建的。完颜亮虽然将金熙宗杀死，却不能将臣民对他的情感从内心中剔除。尤其是上京的许多建筑都有浓厚的金熙宗风格，是他生前所喜爱的。

完颜亮将兄弟杀死夺得皇位，这在正统伦理道德方面大逆不道。他非常担心，日子久了，如果朝中有人对自己感到不满，再加上看到皇城中的建筑物，联想到金熙宗被杀的事情，很可能会引发大规模的反叛行为。因而迁都势在必行，这也有利于削弱金朝权贵们的势力，加强完颜亮皇帝的中央集权。

经过综合比较，完颜亮决定把都城迁到燕京，也就是今天的北京城。当然，完颜亮想要迁都的主张在金朝刚一提出，就有很多人不同意。许多保守派认为上京是女真族的故地，如果皇帝带领着满朝文武离开故地，去到汉族人的聚居地，很可能令国家根基不保。不过更多的女真贵族则担心迁都会威胁到自己的利益，也跟着竭力反对。

对于这些反对声音，心意已决的完颜亮根本就不在意。他积极行动，取得了朝中当权大臣们的支持，然后就开始命人对燕京城加以扩建，大规模修筑宫殿和完善各项城市设施，用了3年时间，经过仔细规划和部署，把金的新都城建好了。随后完颜亮给大臣们详细分析了客观情况，阐述迁都的必要性，然后就带着文武百官去燕京开始了新生活。

燕京成为金中都，叫做大兴府。金上京的称号被废除，只留会宁府作为地理名称。为了让女真贵族们能够死心塌地地在金中都好好生活，完颜亮派人将金上京的旧宫殿、宅邸等都给毁了，将其变成耕地，供人们耕种。

知识链接

金中都

金中都是金朝都城，现位于北京。

公元1122年，金朝联合北宋攻陷了辽国南京析津府（今北京），并按照协议交给宋朝，宋朝将其改名为燕山府。

但是，金兵很快又挥师攻占了燕山府，改名为燕京，先后设立枢密院和尚书省。之后，完颜亮命令从上京会宁府迁都燕京。

完颜亮实现了迁都的愿望，接下来他还打算完成全国大一统的抱负。1161 年，完颜亮开始出兵大举进攻南宋，兵分四路，想要将南宋彻底消灭。战争刚刚打响的时候，金兵取得了不少胜利，完颜亮还在军中亲自带兵，一路上所向披靡。可是随后，金内部发生了叛乱，完颜亮的弟弟完颜雍趁着完颜亮南征的空隙，自己登基称帝。这条消息如同长了腿一样，在金军中飞快传播，令士兵们人心涣散。有人觉得跟着完颜亮依旧有发展，有人则打算逃跑去投靠完颜雍。

如果这时完颜亮选择退兵，先班师回朝镇压反叛势力，或许他还能多做一段时间皇帝。可是性格决定命运，好面子的完颜亮决定继续攻打南宋，非要通过获取胜利彰显自己当皇帝的本领，以此消除大家对自己的不信任感。可此时的金军根本无心再战，

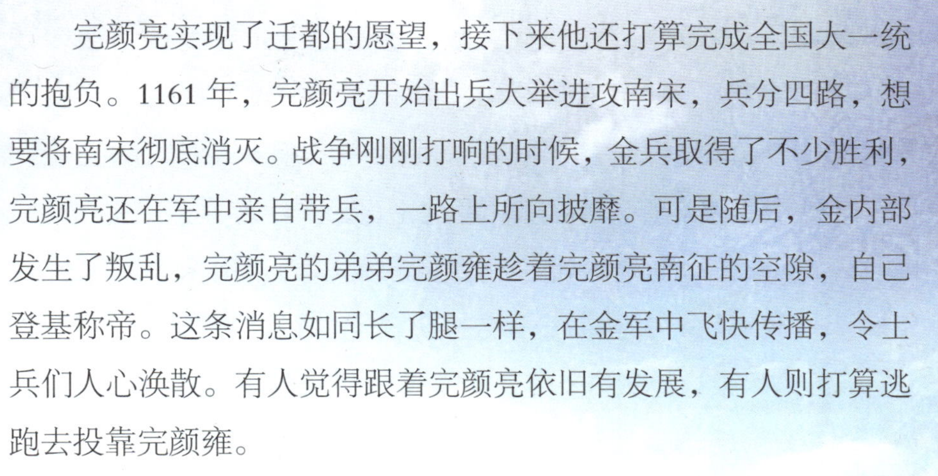

完颜亮因此作战失败，不过他还是要继续与南宋较量，甚至威胁军中将领和大臣，说如果三天之内不能渡过长江，就要杀死他们。许多人对完颜亮的专横实在忍无可忍，经过密谋，决定起兵造反。

面对叛乱，完颜亮起初以为是南宋军队来进攻了，可是拿起一支射向自己的箭才发现，是自己人杀自己人。还没来得及应对，完颜亮便被人一箭射中，反叛将领们一拥上前将完颜亮杀死。完颜亮对金的统治就这样仓促结束了，金军随后班师回朝。只可惜这位才学出众的皇帝，虽然登上了皇位，还专门为自己建立了新都城，死后却被贬为普通人，按照平民百姓的规格加以埋葬，连个帝王的尊号都没有，后世只以“海陵王”相称。

知识链接

北七真

全真教是金元时期道教的主流教派，创始人是王喆。他手下有七大弟子，分别是马钰、孙不二、谭处端、刘处玄、丘处机、王处一以及郝大通。

七子是全真教的主干，道教修养和文才抱负都非常出众。到了丘处机掌教时期，全真教进一步发展壮大，逐渐走向巅峰。

“小尧舜”金世宗

完颜亮被杀后，金朝成了金世宗完颜雍的天下，他是金建国后的第五位皇帝。金世宗完颜雍以节俭守成的宗旨治理国家，对金的繁荣发展起到了很好的推动作用。

金熙宗完颜亶统治时期，完颜雍活得非常小心谨慎。当时他有一条家传的白玉带，是他父亲攻打宋时从宋朝皇帝那里弄来的。完颜雍的妻子乌林答氏觉得丈夫应当将这条白玉带献给金熙宗，以显示自己的忠心。完颜雍认为有道理，马上照做，这让

▲ 磁州窑白地黑花梅瓶

当时总爱乱发脾气的金熙宗对他非常偏爱。

完颜亮当上皇帝后，对完颜雍时刻提防。考虑到这位弟弟文才武功都不在自己之下，为了不让他暗中积累力量，完颜亮便将完颜雍频繁调动。一会儿让他到会宁府去任职，一会儿又让他到今天的辽宁辽阳任职，后来更是在今天的北京、济南、山西大同等地，都留下了完颜雍的足迹。

好在完颜雍身旁有位贤内助乌林答氏，她给丈夫出主意，为了打消完颜亮对自己的猜忌，最好的办法就是给他送去各种奇珍异宝。完颜雍于是赶紧到处搜罗宝物，毕恭毕敬地送给完颜亮。可完颜亮并不满足，完颜雍到辽阳任职的时候，他要求完颜雍的妻子乌林答氏到北京城来当人质。乌林答氏与完颜雍夫妻情深，为了保全丈夫，乌林答氏只好委屈进京，可又不想辜负丈夫的深情，最终她选择在北京城外自杀。她给完颜雍留下了一封感人至深的遗书，嘱咐完颜雍，不要因为自己的死感情用事，一定要隐忍并注意拉拢人心，等到时机成熟，推翻完颜亮的统治，真正成为掌握实权的皇帝。

恰恰是因为爱妻的死，坚定了完颜雍谋反的决心。完颜亮对完颜宗室的残忍杀戮，随后又大举攻宋，金国内民不聊生，引发了契丹人的起义，这些客观因素简直就是助完颜雍一臂之力，最终为他登基称帝创造了机会。

即便是完颜亮事先已经在完颜雍身边安插了眼线对其进行监视，但是他身陷与南宋的战争中无法抽身，还想着自己灭亡了南宋之后，再去消灭完颜雍，

知识链接

完颜雍与乌林答氏

完颜雍与乌林答氏小时候就是好朋友，他们经常到松花江边上玩耍。

有一天，完颜雍不小心划破了膝盖，乌林答氏很心疼，哭着从自己衣服上扯下一条布，细心地给他包扎。完颜雍很感动，对乌林答发誓说："我要用一生守护你，不让人欺负你，我们就在此处建造一个房子，两个人过一辈子。"乌林答破涕为笑，连连点头。

后来他们结为夫妻。官场险恶，乌林答氏为了保护完颜雍和自己的清白，投湖自尽。完颜雍称帝后，追封乌林答氏为昭德皇后，之后再也没有立过皇后。

这样可以实现双胜。可完颜亮的想法实在是痴人说梦，他残忍杀戮的行为已经引发了许多大臣、将领和士兵的不满。许多人为了活命，跑去投奔完颜雍。完颜雍对这些投奔自己的人予以善待，他的仁慈和接纳，与完颜亮形成了鲜明对比。就这样，在众人的拥戴下，在今天的辽宁辽阳，也就是当时的金东京，完颜雍当上了皇帝。

完颜亮那边军队中发生了叛乱，完颜亮被杀，女真军队班师回朝。完颜雍则带领着自己的兵马来到金中都，将皇权真正掌握在了自己的手中，从此金进入到完颜雍长达29年的统治时期。

历史上以“小尧舜”来称赞完颜雍对金的统治，主要是因为他采取了一系列稳定国家政治格局的治国方略。虽然像传统女真人那样，完颜雍身材魁梧，善于骑马和射箭，但是他的性格非常宽仁。登上皇位之初，完颜雍没有像海陵王完颜亮那样，对家族宗室大开杀戒，而是采用了宽容的策略，对金统治阶层的贵族们加以维护，通过这样的做法获得了大家的支持。

完颜雍将已经被杀死的完颜亮贬去帝王称号，恢复了金熙宗完颜亶的名号和会宁府金上京的名号。接着，完颜雍对完颜亮时期受到残害的大臣及其家属进行抚慰，很多人因此官复原职。即便是面对部分曾经反对自己的人，完颜雍也不计前嫌，根据这些人的才能对他们加以任用。这让诸如纥石烈志宁、张玄素等曾经和完颜雍对着干的人，深受感动，因

知识链接

三皇五帝

自古以来，中国就流行着三皇五帝的说法。其中，三皇指的是伏羲、神农和黄帝；而五帝是指少昊、颛顼、帝喾、尧以及舜。这些人都是远古时期的部落首领，是华夏文明的先驱。

李师儿

李师儿是金章宗宠妃，被封为元妃，在后宫地位较高，相当于皇后。她出身贫贱，但她聪明有才气，还善于察言观色，很快获得了金章宗宠幸。金章宗驾崩后，李师儿因卷进储位纷争被赐死。

此更愿意尽心尽力辅佐金世宗完颜雍治理国家。

在稳定政局的基础上，完颜雍重点对金的政治和经济进行了治理。他不仅加强了皇帝的中央集权统治，改革了官吏制度，还鼓励百姓从事农业生产。部分军队被金世宗完颜雍遣散去务农，一些参加抗金起义的人，只要放下武器，拿起农具，也可以将其谋反的罪名免除。完颜雍自己更是生活非常节俭，在他的带领下，朝中官吏风气清明，金的经济得到恢复和发展，百姓生活渐渐好转，金的国力也开始变得更加强大。

金哀宗无力回天

金宣宗原本的皇太子完颜守忠，在父王南迁汴京的时候，留在中都与蒙古大军对抗。可是蒙古大军太强悍了，导致金中都沦陷，完颜守忠也因为这件事一直处于忧郁状态，直至死去。完颜守忠的儿子第二年也死了，最后金宣宗立完颜守礼为皇太子，后又将完颜守礼的名字改为完颜守绪。

▼ 金·白瓷剔花牡丹纹大罐

金宣宗病逝后，他的二儿子完颜守纯觉得自己才最应该当皇帝，想要趁着完颜守绪不在都城内，率先登基。完颜守绪接到消息后便快马加鞭赶到皇宫，集齐三万东宫亲军，然后将完颜守纯抓了起来。金宣宗的三儿子完颜守绪就

这样继承了皇位，也就是历史上的金哀宗，当时他只有二十几岁。

从其继承皇位后的作为来看，金哀宗完颜守绪早期事实上是一位非常有魄力的领导者。眼看金气数已尽，他依旧决定放手一搏。金哀宗对金进行了一系列改革，诸如完颜合达、胥鼎等都得到了重用，人尽其才。

出身于武将之家的完颜陈和尚，也是这一时期涌现出来的金代名将。完颜陈和尚早年曾经被蒙古人抓去过。有位蒙古统帅非常喜欢他，就让他一直跟随在左右。后来完颜陈和尚借口回家探望母亲，然后跟自己的兄弟历尽千辛万苦逃回了金国。金哀宗见完颜陈和尚对祖国这么忠诚，非常器重他，让他更多地参与到金的军事中。可没想到，有一次完颜陈和尚的军中有人打架，虽然完颜陈和尚对打架的人根据实际情况处理了，可是其中一位当事人不服气，竟然被气死了，他的妻子就四处告完颜陈和尚的状，最终令他入狱。

当时金与蒙古战事正紧，虽然完颜陈和尚还是犯人之身，他的案子也迟迟没有最终定论，但金哀宗在战场上实在是缺人手，干脆大笔一挥，扛着被满朝臣子非议的压力，赦免了完颜陈和尚。金哀宗决定，就让完颜陈和尚去抗击蒙古的战场上立功劳吧。事实证明，金哀宗这一举动非常明智。完颜陈和尚感恩于皇帝对自己的赦免，几乎每次带兵打仗都身先士卒，他带领的忠孝军，在金末的抗蒙战争中声名远扬。有一次，完颜陈和尚以四百人的骑兵战胜了蒙古八千人的

知识链接

金朝地主武装

公元1218年，蒙古攻占太原，金朝的形势变得十分严峻。金宣宗召集大臣商讨对策，有臣子进言说可以招募当地有威望的大地主，给予他们地方权力，如果他们能收复土地，就可以做本地长官。

宣宗采纳了这个建议，积极招纳各地的地主武装守土抗敌，起到了一定的作用。这些地主武装在金朝末期占据着举足轻重的地位。

大军，让金朝上下士气大振。

完颜守绪与文武大臣一起努力，联合一切可能联合的力量，抗击蒙古入侵。例如曾经投降蒙古的将领武仙，就被金哀宗热情迎接回国。深受感动的武仙也因此全力抗蒙，为金哀宗打了胜仗。金哀宗还尝试与南宋和西夏修好，通过停战来缓解彼此的矛盾，这样金便有更多军力来对抗蒙古的进攻。当时刚好赶上成吉思汗去世，金哀宗又接二连三地去安抚军队和百姓，同时不断扩充军力，因而金朝与蒙古的作战局面一度出现好转。

不过历史的车轮滚滚前行，蒙古日渐强大已成既定事实，金朝终究要走向灭亡也仿佛注定一般。相传在金哀宗刚刚即位的时候，曾经有一个疯疯癫癫的男人，穿着民间办丧事用的麻布衣服，看到端门上的瓦片被狂风吹下来后，在承天门前一会儿哭，一会儿笑，声称这是金亡国的征兆。当然这其中有杜撰的嫌疑，不过金历经几代帝王，国力已经被许多奸佞之臣蚕食得非常虚弱，仅凭金哀宗的一己之力，对于挽回局势是无济于事的。

1227 年，蒙古将西夏灭亡后，开始专心攻打金。蒙古大将拖雷，带领着四万蒙古大军，从今天的陕西汉中向金的金州进攻。拖雷带兵绕过潼关，甚至翻越了天然屏障秦岭，经汉中盆地，终于到达了南方。随后不久，蒙古大将窝阔台率领部队攻打金的河中府。

就这样，金的完颜合达，带领着 15 万金军，

知识链接

武仙

武仙是金末的地主武装首领，封建九公之一。在蒙古军侵掠河北时，武仙组织地主武装坚守，最后被封为威州刺史。

他曾投降蒙古，并被蒙古任命为河北西路兵马都副元帅，但最后又回归金国。金国灭亡后，武仙手中的军队瓦解，在逃亡的途中被戍兵杀害。

▼ 金·六耳大铜锅

与蒙古在河南三峰山展开会战。金兵力也不少，但是蒙古军队很善于疲劳战。先通过耗时间，把金军士气拖垮，然后拖雷充分利用了天时地利条件，借着天空降下大雪，将金军打败。金军主力受到严重损失。

这之后，蒙古大军将金的都城包围，城内守军坚持了一年的时间，可是由于蒙古大军的严防死守，城内的粮食要吃光了，瘟疫蔓延，老百姓死了很多。

最终，金哀宗为保自身安危，选择了弃城逃跑，向北渡过黄河，来到了今天的河南商丘，当时叫归德。

这时金哀宗重用的蒲察官奴与归德地方将领石盏女鲁欢都各自心怀鬼胎。蒲察官奴劝金哀宗渡黄河北上，石盏女鲁欢则想占着金哀宗皇帝的优势，日后好对金全盘掌权。不过蒲察官奴先下手为强，将金哀宗监禁，将石盏女鲁欢等人连同皇帝身边反对自己的臣子都给杀死。金哀宗没办法，只好让蒲察官奴来掌管金的政事。

就这样，金哀宗基本上算是被困在归德了。随着手中权力越来越大，蒲察官奴后来甚至将金哀宗软禁起来，没有经过他的同意，大臣们谁都不能见到皇帝。金哀宗意识到事态的严重性，掩面哭泣，最终在他的禁卫军帮助下，借着蒲察官奴来见金哀宗的机会，将蒲察官奴杀死。然后金哀宗逃到了据说是城墙更加坚固、粮食兵马也更多的蔡州。

作为九五之尊，金哀宗逃到蔡州时，身边境况已经非常凄凉。跟随他的只有二三百人，马匹也只有五十匹左右，更别提什么皇帝出行时的排场了。可是随着在蔡州安定下来，金哀宗竟然将心思放在了修建宫殿和招募美女扩充后宫上。此时蒙古军队早就把洛阳攻下了，在中华大地上占据了绝对优势。金哀宗在蔡州的安逸日子属实过不了多久了。

知识链接

九五之尊

《易经》中曾提到过：“九五，飞龙在天，利见大人”。在中国古代的传统文化中，人们把奇数和偶数分别看作阳数和阴数。其中，“九”在阳数的序列中排位最高，而五居于中央，这两个数字连在一起，一般象征着高贵的地位。在古代，人们常用“九五至尊”称呼皇帝。

▼ 金·透雕双鹤玉饰

蒙宋夹攻灭金

任何一个朝代，都要经历由初创到鼎盛，再由鼎盛走向衰落，最终至灭亡的过程。如同人不可能长生不老一样，历史上没有哪个朝代能够长盛不衰。当金哀宗带着一身萧条逃到蔡州的时候，事实上金已经处于灭亡的边缘了。金大势已去，唯独就差某个历史性的助推，将其真正推向毁灭的深渊。

在1233年，这一历史性时刻终于到来。蒙古大军与南宋军队携手，准备攻打金。在战场上，无论是面对蒙古，还是面对南宋，金都吃了很多败仗。现在他们要合作对金用兵，这个消息对于金朝上下而言，如五雷轰顶。果然，蒙古与南宋军队来势凶猛，金唐州失守，息州向金哀宗请求支援。金哀宗看看自己所剩无几的兵马，只好紧巴巴地派出士兵前去增援。

眼看曾经辉煌一时的大金帝国，此时已经走上了穷途末路。金哀宗想要抓住南宋这最后一根救命稻草，希望南宋能够对金手下留情。于是金哀宗便以向南宋乞求粮食的名义，派使者去向南宋讲道理。金哀宗希望凭借使者一张能言善辩的嘴，说服南宋与金站在同一阵线上。

金使者也确实是尽力了。他分析了当前形势，

知识链接

岐国公主

公元1215年，屡战屡胜的蒙古大军横扫金朝，包围了金朝中都。无奈的金宣宗在和大臣们商议后，决定挑选一名宗室女子和亲。

挑来选去，金宣宗挑中了岐国公主。她是卫绍王的女儿，在嫁给成吉思汗后，蒙古果然退兵。而岐国公主因为身份高贵，被称为“公主皇后”

对南宋说蒙古已经消灭了很多政权，连西夏都被他们消灭了，如果此时金再被消灭，那么接下来很可能被消灭的就是南宋。

金使者道理讲得很好，可南宋早就不再信任金了，根本不买金哀宗的账。金哀宗原本还想让使者向南宋要点粮食运来金国，现在可好，南宋干脆将两万兵马和三十万石粮食全部送给了蒙古。

蒙古大军和南宋兵马，雄赳赳气昂昂地包围了蔡州。仅三个月时间，蔡州城里的金哀宗就已经有点坚持不住了。还是老问题，粮食吃完了，就算城门没被攻破，蔡州城内的军民也有可能被活活饿死。金哀宗意识到，大金国这下是真的要亡国了，可他实在不想背负亡国的骂名，于是打起了禅让的主意，决定将皇位让给完颜承麟。

盛世时期，皇帝宝座大家争着坐，甚至不惜互相残杀。可是现在，金哀宗明

蔡州处于平原之地，本来就不适合防守，但是蔡州位于金与宋的边界上，金哀宗真的是无路可退了

显就是想把自己手里的烂摊子丢下。完颜承麟最初有些推辞，金哀宗苦口婆心劝说，还拿自己胖胖的身材当借口，称自己比完颜承麟胖，如果敌军攻进城来，完颜承麟相对更加容易逃跑，自己与完颜承麟只要有一个能够逃出去，后期就有希望续国。

完颜承麟转念一想，反正横竖都是死，就算是当个末世皇帝，也与一般大臣不同，能够留个皇帝的名字在史册上。完颜承麟便接受了金哀宗的禅让。皇帝登基当然要举行典礼，可就在完颜承麟举行继位典礼的时候，蒙古和南宋的联合军队已经攻破了蔡州城门。新帝完颜承麟顾不得那么多礼仪规矩了，赶紧带领士兵迎战。金军尽管对蒙宋联军抵抗得很顽强，可还是被打败了。许多将士干脆选择了自杀，以此表示自己对金国的忠诚。

此时已经是太上皇的金哀宗，继续发挥他的逃跑专长。金哀宗跑到了幽兰轩，实在是跑累了，也不想再跑了。想到自己如果被蒙宋联军抓住，恐怕也是一死，如果偷偷摸摸苟且活在世上，还不如就此了断。于是金哀宗在幽兰轩自缢而亡。

继承金哀宗皇位的完颜承麟听到这一消息后，失声痛哭，更加奋力地与蒙宋联军对抗。最后完颜承麟也在乱军中被人杀死。完颜承麟成了金国最后一位皇帝，他还成为中国历史上在位时间最短的一位皇帝。

从金太祖完颜阿骨打建国，到完颜承麟被杀，金灭亡，总共经历了120年。这期间金朝实现了从奴隶制到完成封建化的进程，创造了辉煌的

知识链接

金朝的火器制造

金朝的火器制造技术比北宋有所发展，制造出了铁火炮、飞火枪等火器。为中国科技的发展做出了贡献。

铁火炮用生铁铸成，厚2寸，发射的时候声如霹雷，威力很大。飞火枪的枪筒用16层纸做成，枪筒中装上柳炭、铁屑、磁末、硫磺、砒硝，用绳子缚在枪头上，打仗的时候点着，火焰可以喷出10多步。

▼ 金·大定通宝

女真族文明。特别是对中原汉文化的吸收和借鉴，女真、契丹、汉族等各民族在大融合中得到发展。中原地区也因此深受金的影响，不少汉族官员的才能在金政权中找到了用武之地。

金灭亡后，女真族中的完颜氏人也被蒙宋联军赶尽杀绝。有些完颜氏后人为了活命，则改了姓名，隐居在今天的安徽、福建和台湾等地。不过完颜宗弼的儿子完颜亨等人，却得以生存，完颜这一姓氏才没有在中华大地上销声匿迹。直到后来女真族再次兴起，努尔哈赤建立后金政权，而后发展成了我国历史上的清朝，女真族政权在中华大地上才再次掀起新的狂澜。

知识链接

传国玉玺

传国玉玺是秦代丞相李斯奉秦始皇的命令用和氏璧镌刻而成的印玺，是中国历代正统皇帝的信物。秦朝之后，历代帝王都把它视为奇珍、国之重器。由于历代帝位更迭频繁，致使传国玉玺屡易其主，最终销声匿迹。

闯关小测试

1. 金的开国皇帝是（　　）

   A. 完颜阿骨打　　B. 完颜晟　　C. 完颜宗翰　　D. 完颜宗望

2. 在采石之战中兵败的金国皇帝是（　　）

   A. 完颜亶　　B. 完颜亮　　C. 完颜雍

3. 金国最后一个皇帝是（　　）

   A. 完颜守忠　　B. 完颜守纯　　C. 完颜守绪　　D. 完颜承麟

参考答案：1. A　2. B　3. D

历代帝王世系表

辽 西夏 金

辽

/ 907—1125

太祖 （907—926）

太宗 （927—947）

世宗 （947—951）

穆宗 （951—969）

景宗 （969—982）

圣宗 （982—1031）

兴宗 （1031—1055）

道宗 （1055—1101）

天祚帝 （1101—1125）

西夏

/ 1038—1227

景宗 （1038—1048）

毅宗 （1049—1067）

惠宗 （1068—1084）

崇宗 （1085—1139）

仁宗 （1140—1193）

桓宗 （1194—1205）

襄宗 （1206—1210）

神宗 （1211—1223）

献宗 （1224—1226）

末帝 （1227—1227）

金

/ 1115—1234

太祖 （1115—1123）

太宗 （1123—1135）

熙宗 （1135—1149）

海陵王 （1149—1161）

世宗 （1161—1189）

章宗 （1190—1208）

卫绍王 （1209—1213）

宣宗 （1213—1223）

哀宗 （1224—1234）